Vegetarisch
italienisch

AUTORIN: CORNELIA TRISCHBERGER | FOTOS: JÖRN RYNIO

Praxistipps

4   Veggie-Tipps – zum Einkaufen, Servieren
    und Trinken
5   Küchenutensilien – von Pürierstab über
    Pastatopf bis Auflaufform
6   Warenkunde: Veggie-Basics
8   Grundrezepte: Tomatensugo und Pesto
58 Glossar
64 Schnelle Desserts

Umschlagklappe hinten:
    Snacks & Drinks
    Veggie-Menüs für alle Jahreszeiten

Extra

Umschlagklappe vorne:
    Die 10 GU-Erfolgstipps – mit Gelinggarantie
    für den italienischen Veggie-Genuss

60 Register
62 Impressum

Rezepte

10 Antipasti & Suppen

11	Gefüllte Zucchiniblüten		18	Frittata »Quattro formaggi«
12	Chili-Zwiebeln		19	Kräuter-Zucchini
12	Balsamico-Aubergine		19	Süßsaure Möhren
14	Rohkost mit Olivenöl-Dip		20	Fenchelsuppe mit Paprikapesto
14	Insalata veronese		23	Kürbissuppe
16	Kichererbsensalat		23	Kichererbsensuppe
16	Bohnensalat		24	Dinkel-Minestrone

26 Pizza & Pasta

27	Pizza pane		37	Penne mit Tomaten
28	Pizza verdura		37	Pasta mit Olivensauce
29	Brokkoli-Pizza		38	Lasagne mit Auberginen
29	Tomaten-Basilikum-Pizza		40	Spaghetti mit Lauch-Carbonara
30	Pizza mit Artischocken		41	Pasta mit Zucchinisauce
30	Pizza mit Zwiebeln		41	Zitronen-Tagliolini
32	Pizzakuchen		42	Pasta mit Mandelpesto
34	Buchweizennudeln mit Käse		42	Pasta alla genovese
36	Spaghettini mit Spargelsugo		45	Tortellini mit Gemüse-Bolognese

46 Risotto & Co.

47	Artischockenrisotto		53	Kartoffelauflauf mit Mangold
48	Risotto verde		54	Spinat-Gnocchi mit Salbeibutter
50	Kartoffel-Gnocchi mit Gorgonzola-sauce		56	Polenta-Gnocchi

Vegetarisch à la italiana

Die italienische Küche ist eigentlich eine »Arme-Leute-Küche« – und gerade das macht sie heutzutage für alle Vegetarier wirklich interessant.

Weil Fisch und Fleisch kaum verfügbar und wenn, dann sehr teuer waren, hat man in der italienischen Küche viel Kreativität in die raffinierte Verfeinerung aller Gemüsegerichte gelegt. Im Mittelpunkt stehen die Produkte, deren ursprünglicher Geschmack ohne viel Chichi hervorgehoben wird und die so mit ihrer schlichten Klarheit überzeugen können. Wer »echt« italienisch, also mit viel Aroma, kochen möchte, sollte deshalb ein paar Regeln beachten:

Beim Einkaufen

Kaufen Sie nur Gemüse und Früchte ein, die gerade Saison haben, zum Beispiel Spargel und Artischocken im Frühling, Beeren im Sommer, Pilze im Herbst und Kohl im Winter. Frische Tomaten, die in vielen Gerichten vorkommen, gibt es bei uns natürlich das ganze Jahr über, allerdings bekommt man meist nur im Sommer wirklich aromatische, vollreife Tomaten. Deshalb sollte man außerhalb der Hochsaison für den guten Geschmack bei Saucen und Suppen lieber zu Dosentomaten greifen.

Wenn immer möglich, hauptsächlich regionale Produkte verwenden: Die kommen ohne lange Lager- und Lieferzeiten auf den Markt oder ins Gemüsegeschäft. So wird auch die Umwelt entlastet. Oft kennt man sogar die Gemüsebauern am Stand und weiß, wie deren Produkte erzeugt wurden. Gemüse, Obst, Getreide und Hülsenfrüchte bevorzugt im Bioladen kaufen: Denn im kontrollierten Bio-Anbau wird garantiert auf Kunstdünger und Chemie verzichtet.

Gemüse und Salat ebenfalls möglichst frisch kaufen und gleich verarbeiten: Gemüsegerichte schmecken dann viel besser. Und bissfest gegart bleibt es schön knackig und vitalstoffreich. Wer auf Vorrat kochen möchte oder einfach mal zu viel gemacht hat, sollte Suppen oder Saucen gleich nach dem Abkühlen einfrieren.

Beim Servieren

In Italien werden die einzelnen Speisen hintereinander und nicht gleichzeitig serviert. Bei einem typischen Menü beginnt man mit einer kleinen Vorspeise, wählt dann entweder Suppe oder Salat, bevor man wie bei der vegetarischen Variante entweder Nudeln, Risotto oder Pizza isst. Vor dem Dessert nach Belieben noch ein bisschen Käse und zum Schluss einen kräftigen Espresso genießen – der heißt in Italien einfach »Caffè«.

Brot zum Essen ist ganz wichtig. Bevor die Vorspeise serviert wird, steht in italienischen Trattorias erst einmal ein gut gefüllter Korb mit frischem Brot und knusprigen Grissini (italienische »Knabberstangen«, die es auch im Supermarkt gibt) auf dem Tisch. Schön dazu: für jeden ein kleines Schälchen mit »gutem« Olivenöl zum Dippen und ein zweites mit feinem Meersalz zum Bestreuen.

Zum Trinken gibt es Wasser mit Kohlensäure (con gaz) oder stilles Wasser (naturale). Dazu passt ein italienischer Rot- oder Weißwein oder etwas Nichtalkoholisches wie eine Lemonata.

Das braucht man in der Küche

Zum Zerkleinern, Kochen und Backen braucht man passende Küchenhelfer – hier eine kleine Auswahl, die praktisch und nützlich ist.

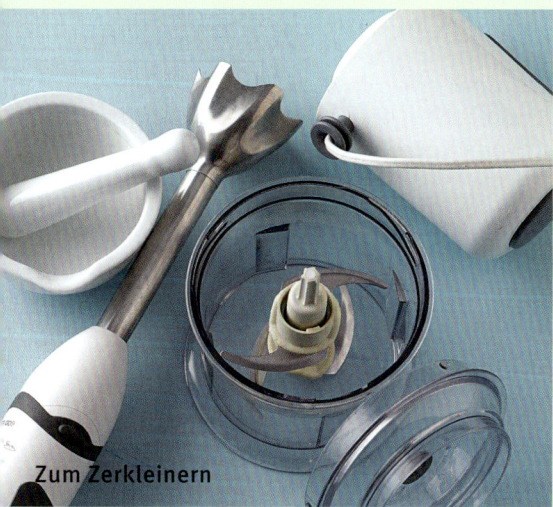

Zum Zerkleinern

Zum Zerkleinern Damit Gemüsesuppen und -saucen so richtig schön cremig werden, braucht man einen Pürierstab. Für Pesto benötigt man entweder einen elektrischen Zerhacker (das ist die schnelle Variante) oder – ganz klassisch – einen Mörser. Und für fein abgeriebene Schale von Bio-Zitronen oder -Orangen und frisch geriebenen Käse ist eine Haushaltsreibe sehr praktisch.

Zum Kochen

Zum Backen Gemüse, Nudeln oder Gnocchi kann man am besten in einer ofenfesten Auflaufform überbacken. Fürs Pizzabacken und Crostinirösten braucht man außerdem ein Backblech und Backpapier.

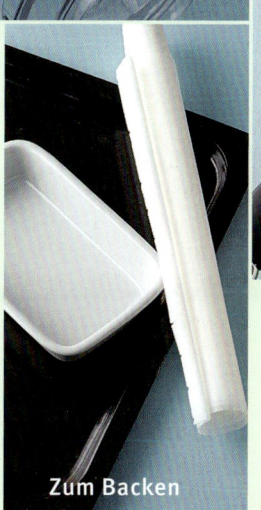

Zum Backen

Zum Kochen Neben Töpfen in verschiedenen Größen ist ein großer Pastatopf unerlässlich, in dem man reichlich Wasser erhitzen kann. Außerdem sind für das fettarme Anbraten und Dünsten eine große und kleine beschichtete Pfanne wichtig. Sie lassen sich blitzschnell reinigen. Für frisch gepressten Zitrussaft sollte eine Saftpresse im Haus sein.

Veggie-Basics

Hier sind die wichtigsten Zutaten für unkomplizierte, köstliche, echt italienische Gemüserezepte – die braucht man eigentlich immer …

Tomaten Ohne »pomodori« – ob frisch oder aus der Dose – kann man sich die italienische Küche nicht vorstellen. Bei frischen Tomaten möglichst Freilandware aus Italien kaufen. Oder für Suppen und Saucen Dosentomaten verwenden. Sie werden vollreif gleich nach der Ernte verarbeitet und haben deshalb nicht nur viel Geschmack, sondern auch noch viele Vitamine.

Olivenöl Kalt gepresstes Olivenöl mit der Bezeichnung »extra vergine« oder »Natives Olivenöl extra« enthält nicht nur wertvolle und gesunde essenzielle Fettsäuren: Es schmeckt auch prima! Testen Sie einfach einmal, welches Öl Ihnen am besten gefällt. Empfehlenswert sind die leichten, fruchtigen Toskana-Öle. Und verwenden Sie es wie die Italiener: für Salate, im Pesto, zum Marinieren und Beträufeln von Pizza und Crostini.

Chili und Knoblauch Beide Würzzutaten gehören unbedingt in die vegetarische italienische Küche. Kleine, rote »Peperoncini« gibt es frisch oder getrocknet. Die getrockneten sind ideal für den Vorrat und lassen sich je nach gewünschter Schärfe gut dosieren. Bei Knoblauch gilt: je kleiner, desto schärfer. Junger Knoblauch schmeckt eher mild, alte Knoblauchzehen haben in der Mitte einen hellgrünen Keim – den sollte man immer entfernen.

Kräuter Basilikum ist der Alleskönner unter den Mittelmeerkräutern: Man kann es frisch über Suppen, Salate oder Saucen streuen und fein pürieren. Im Sommer am besten die geschmacksintensiven Basilikumstängel im Bund auf dem Markt und im Winter Basilikum im Töpfchen kaufen. Auch Salbei, Thymian, Rosmarin und Oregano sind unverzichtbar. Sie schmecken ebenfalls frisch vom Markt oder selbst angebaut am besten. Aber auch getrocknet verleihen die aromatischen Blättchen Suppen und Saucen den unverwechselbaren Italo-Touch.

Hartweizennudeln und frische Pasta Die italienischen Pastasorten aus Hartweizengrieß ohne Ei lassen sich wunderbar »al dente« garen und mit Saucen vermischen. Wer möchte, kann auch »integrale«, also Vollkornpasta, verwenden. Pasta aus frischem Nudelteig gibt es im Kühlregal in gut sortierten Supermärkten und Bioläden in großer Auswahl: Eiernudeln wie Pappardelle (breite Bandnudeln), Tagliatelle (schmale Bandnudeln) und Tagliolini (ganz feine Bandnudeln), gefüllte Nudeln wie Tortellini und Ravioli. Wer Lust und Zeit hat, kann Pasta auch mal selber machen (S. 34).

Käse Für strenge Vegetarier darf der Käse kein tierisches Lab enthalten – deshalb wird beispielsweise auf Parmesan verzichtet. Andere Käsesorten wie Pecorino, Mozzarella oder Provolone gibt es teilweise mit mikrobiellem Lab. Sie werden mit einem durch einen speziellen Pilz produzierten Labaustauschstoff hergestellt. Koschere Käse sind immer frei von tierischem Lab. Und Frischkäse entsteht meist sogar ohne Labzugabe. Informieren Sie sich an der Käsetheke oder beim Hersteller. Bei einigen abgepackten Sorten steht es auf der Verpackung.

Tomaten

Olivenöl

Chili und Knoblauch

Kräuter

Hartweizennudeln

Käse

Tomatensugo

Die fein-fruchtige Sauce nach einem kalabrischen Originalrezept schmeckt einfach so mit frisch gekochter Pasta oder in Suppen und als Pizzabelag.

1 große Zwiebel
2 Knoblauchzehen
2 Möhren (ca. 200 g)
1 kleine, getrocknete Chilischote
1 kg reife, aromatische Tomaten
2 EL Olivenöl
200 ml Gemüsebrühe
1 Lorbeerblatt | Salz | Pfeffer
4 EL frisch geriebener Pecorino (S. 6)

Für 4 Personen | 🕐 25 Min. Zubereitung
Pro Portion ca. 130 kcal, 4 g EW, 7 g F, 10 g KH

1 Zwiebel und Knoblauch schälen und grob hacken. Möhren putzen, schälen und in feine Scheibchen schneiden. Die Chilischote fein zerbröseln. Tomaten mit dem Sparschäler dünn schälen (Bild 1) und die Stielansätze entfernen. Tomaten vierteln, entkernen und grob würfeln.

2 Das Öl in einem Topf erhitzen, Zwiebel, Knoblauch, Möhren und Chilischote darin unter Rühren bei mittlerer Hitze 3–4 Min. andünsten. Tomaten, Brühe und Lorbeerblatt dazugeben (Bild 2). Alles mit Salz und Pfeffer würzen und zugedeckt bei mittlerer Hitze 12–15 Min. köcheln lassen, dabei mehrmals umrühren.

3 Den Topf beiseitestellen. Das Lorbeerblatt entfernen. Die Sauce mit dem Pürierstab fein pürieren (Bild 3). Den Käse unter die Sauce rühren. Den Sugo mit Salz und Pfeffer abschmecken.

TIPP
Am besten gleich die doppelte oder dreifache Menge an Sauce kochen und portionsweise einfrieren! Im Winter statt frischer Tomaten einfach 1 Dose Tomaten (480 g Abtropfgewicht) nehmen.

Pesto

Der grüne Klassiker aus Genua: kräuterfrisch, würzig und vielseitig verwendbar – für Pasta alla genovese (S. 42), aber auch als Dip oder Topping von Gemüsesuppen.

4 Handvoll Basilikumblättchen (ca. 50 g)
2 Knoblauchzehen
3 EL Pinienkerne
5 EL frisch geriebener Pecorino (S. 6)
120 ml Olivenöl
Salz
1 EL Olivenöl zum Bedecken

Für 4 Personen | ⏱ 10 Min. Zubereitung
Pro Portion ca. 370 kcal, 3 g EW, 39 g F, 3 g KH

1 Die Basilikumblättchen waschen und mit Küchenpapier trocken tupfen. Den Knoblauch schälen und grob hacken (Bild 1).

2 Basilikumblättchen, Knoblauch, Pinienkerne, Pecorino und Olivenöl bis auf 1 EL in den Mixer oder Blitzhacker geben und fein pürieren (Bild 2). Das Pesto mit Salz würzen.

3 Das Pesto in ein sauberes Schraubglas füllen und mit Olivenöl abdecken (Bild 3). Das Glas verschließen und in den Kühlschrank stellen.

TIPP
Gekühlt hält sich das Pesto mindestens 3–4 Tage. Nach dem Öffnen die Oberfläche glatt streichen, wieder mit einer Schicht Öl abdecken und das Pesto so schnell wie möglich verbrauchen.

VARIANTEN
Die Hälfte der Basilikumblättchen durch Petersilien- oder Rucolablättchen ersetzen und zusätzlich 1 EL fein abgeriebene Schale von 1 Bio-Zitrone untermischen. Oder für ein intensiveres Aroma die Pinienkerne vor dem Pürieren in einer beschichteten Pfanne ohne Fett hellbraun rösten.

Antipasti & Suppen

Kein italienisches Menü ohne mindestens eine, am besten aber gleich zwei feine Vorspeisen: Zuerst gibt es eine Kleinigkeit zum Aperitif und dann – je nach Appetit, Lust und Laune – vielleicht einen Salat oder einen Teller Suppe. In diesem Kapitel finden Sie von jedem etwas. Für Freunde serviere ich gerne diese raffiniert gefüllten Zucchiniblüten.

Gefüllte Zucchiniblüten

4 EL Mehl | 3 EL Weißwein
7–10 EL kaltes kohlensäurehaltiges
Mineralwasser | Salz
8 Zucchiniblüten (mit Mini-Zucchini)
10 Mini-Mozzarella (ca. 60 g, S. 6)
3 EL frisch geriebener Pecorino (S. 6)
1 Eigelb
3 EL Paniermehl
1 EL Aceto balsamico
2 EL fein gehackte Basilikumblättchen
Pfeffer | 60 ml Olivenöl

Für 4 Personen | ⊙ 40 Min. Zubereitung
Pro Portion ca. 210 kcal, 7 g EW, 14 g F, 14 g KH

1 Mehl mit Wein (oder Wasser) und Mineralwasser
in einer Schüssel verrühren. Den Teig leicht salzen
und mindestens 10 Min. ruhen lassen.

2 Von den Zucchiniblüten die Mini-Zucchini
abschneiden, die Hälfte beiseitelegen und ander-
weitig verwenden. 4 Mini-Zucchini waschen und in
feine Scheibchen schneiden.

3 Mozzarella abtropfen lassen, achteln, mit Zuc-
chinischeibchen, Pecorino, Eigelb, Paniermehl,
Essig und Basilikum vermischen. Die Blüten mit
den Händen behutsam öffnen. Die Masse salzen,
pfeffern und mit einem Teelöffel vorsichtig in die
Blüten füllen. Blüten oben leicht zusammendrehen.

4 Den Teig noch einmal durchrühren. Das Öl in
einer beschichteten Pfanne erhitzen. Die gefüllten
Blüten nacheinander durch den Teig ziehen, kurz
abtropfen lassen und im heißen Öl bei mittlerer
Hitze in 5–6 Min. knusprig braten, dabei 1- bis
2-mal wenden. Herausnehmen, auf Küchenpapier
abtropfen lassen und servieren.

lässt sich gut vorbereiten | vegan

Chili-Zwiebeln

300 g rote Zwiebeln
2 Knoblauchzehen
3 EL Olivenöl
1 kleine, getrocknete Chilischote
50 g Rosinen
100 ml Tomatensugo (S. 8)
60 ml Aceto balsamico
3 EL Balsamico Creme (S. 58)
120 ml Gemüsebrühe
Salz | Cayennepfeffer

Für 4 Personen | ⊚ 25 Min. Zubereitung (+ Sugo)
Pro Portion ca. 150 kcal, 1 g EW, 8 g F, 18 g KH

1 Die Zwiebeln schälen, halbieren und in feine Spalten schneiden. Den Knoblauch schälen und längs halbieren. Öl in einer beschichteten Pfanne erhitzen, die Zwiebeln darin unter Rühren bei mittlerer Hitze 3–4 Min. anbraten.

2 Knoblauch, Chilischote, Rosinen, Tomatensugo, Essig, Balsamico Creme und Brühe dazugeben und unter die Zwiebeln rühren. Alles offen bei mittlerer Hitze 6–8 Min. köcheln lassen.

3 Die Zwiebeln mit Salz und Cayennepfeffer würzen, abkühlen lassen und servieren. Oder in ein sauberes Schraubglas füllen, das Glas verschließen und bis zum Servieren in den Kühlschrank stellen (halten sich mindestens 3–4 Tage).

honigsüß und chilischarf | vegan

Balsamico-Aubergine

1 Aubergine (ca. 350 g)
4 EL Olivenöl
120 ml Aceto balsamico
120 ml Gemüsebrühe
4 EL Balsamico Creme (S. 58)
2 EL Honig
2 kleine, getrocknete Chilischoten
1 Lorbeerblatt
Salz | Cayennepfeffer

Für 4 Personen | ⊚ 25 Min. Zubereitung
Pro Portion ca. 170 kcal, 1 g EW, 10 g F, 18 g KH

1 Die Aubergine putzen, waschen und längs vierteln. Von den Vierteln längs einen ca. 1 cm breiten Streifen von dem schwammigen Fruchtfleisch wegschneiden, dann die Gemüseviertel quer in feine Scheibchen schneiden. Das Öl in einer großen, beschichteten Pfanne erhitzen, die Aubergine darin unter Rühren bei mittlerer Hitze 5–6 Min. braten.

2 Essig, Brühe, Balsamico Creme, Honig, getrocknete Chilischoten und Lorbeerblatt dazugeben. Die Aubergine mit Salz und Cayennepfeffer würzen und offen bei mittlerer Hitze in 6–8 Min. fertig garen, dabei 1- bis 2-mal umrühren.

3 Die Aubergine abkühlen lassen und servieren. Oder in ein Schraubglas (ca. 250 ml) oder eine Plastikdose mit Deckel füllen und bis zum Servieren kalt stellen (hält sich mindestens 2–3 Tage).

knackiges Fingerfood | vegan

Rohkost mit Olivenöl-Dip

je 2 rote, gelbe und grüne Paprikaschoten
2 Fenchelknollen
4 Stangen Staudensellerie
4 Frühlingszwiebeln
4 Möhren | 2 Knoblauchzehen
1 kleine, getrocknete Chilischote
200 ml Olivenöl
4 EL frisch gepresster Zitronensaft
Salz | Pfeffer

Für 4 Personen | ⏱ 35 Min. Zubereitung
Pro Portion ca. 540 kcal, 5 g EW, 51 g F, 14 g KH

1 Die Paprikaschoten vierteln, putzen, waschen und die Viertel längs in Streifen schneiden. Fenchel putzen, waschen, längs halbieren und den harten Strunk entfernen, die Hälften in Spalten schneiden. Staudensellerie putzen, waschen, quer halbieren, die Stücke längs in Streifen schneiden. Frühlingszwiebeln putzen, waschen, längs halbieren. Möhren putzen, schälen und längs halbieren oder vierteln. Gemüsesticks dekorativ anrichten.

2 Für den Dip den Knoblauch schälen und fein hacken. Getrocknete Chilischote fein zerbröseln. Beides mit Öl und Zitronensaft in einer kleinen Schüssel vermischen. Den Dip kräftig mit Salz und Pfeffer würzen und extra zum Gemüse servieren.

VARIANTE MIT RICOTTA
200 g Ricotta (S. 6 und 59) mit je 2 EL frisch gepresstem Orangen- und Zitronensaft, 4 EL Olivenöl, 2 fein gehackten Knoblauchzehen und 4 EL fein gehackten Basilikumblättchen vermischen. Mit Salz, Pfeffer und 1 Prise Zucker würzen.

fruchtig-frisch | vegan

Insalata veronese

1 Radicchio
2 Stauden Chicorée
½ Knollensellerie (ca. 250 g)
1–2 EL frisch gepresster Zitronensaft
4 EL frisch gepresster Orangensaft
1 ½ EL Dijon-Senf
5 EL Olivenöl
Salz | Pfeffer
1–2 Prisen Zucker

Für 4 Personen | ⏱ 25 Min. Zubereitung
Pro Portion ca. 150 kcal, 2 g EW, 13 g F, 5 g KH

1 Den Radicchio und Chicorée halbieren, putzen, quer in feine Streifen schneiden. Die Streifen in ein Sieb geben, kalt waschen und gründlich trocken schleudern. Den Sellerie schälen und die braunen Stellen entfernen. Dann den Sellerie auf der Gemüsereibe grob raspeln.

2 Für das Dressing den Zitronensaft, Orangensaft und Senf in einer kleinen Schüssel mit dem Öl cremig verrühren. Mit Salz, Pfeffer und Zucker würzen. Radicchio, Chicorée und Sellerie in einer Schüssel mit dem Dressing vermischen, mit Salz, Pfeffer und Zucker abschmecken und servieren.

TIPP
Mit dem Dressing kann man auch andere Blatt- oder Rohkostsalate (z. B. Eissalat, Feldsalat oder geraspelte Möhren) anmachen.

oben: Insalata veronese | unten: Rohkost mit Olivenöl-Dip

partytauglich | vegan

Kichererbsensalat

250 g getrocknete Kichererbsen
1 Bio-Salatgurke
400 g Tomaten
3 EL fein gehackte Basilikumblättchen
2 EL Weißweinessig
1–2 TL frisch gepresster Zitronensaft
1–2 TL Balsamico Creme (S. 58)
60 ml Olivenöl
Salz | Pfeffer | Cayennepfeffer
1 Handvoll Basilikumblättchen (nach Belieben)

Für 4 Personen | ⓘ 20 Min. Zubereitung
Einweichen über Nacht | 1 Std. 30 Min. Garen
Pro Portion ca. 380 kcal, 13 g EW, 19 g F, 36 g KH

1 Kichererbsen mit kaltem Wasser bedecken und über Nacht einweichen. Am nächsten Tag die Kichererbsen in einem Sieb kalt abspülen, in einen Topf geben und mit Wasser bedecken, dann zugedeckt aufkochen und bei mittlerer Hitze in 1–1 Std. 30 Min. garen. Kichererbsen in einem Sieb kalt abspülen, abtropfen und abkühlen lassen.

2 Die Gurke waschen, längs vierteln, entkernen und die Viertel in feine Scheibchen schneiden. Tomaten waschen und die Stielansätze entfernen. Tomaten vierteln, entkernen und in feine Würfel schneiden. Die Kichererbsen, Gurke, Tomaten und das gehackte Basilikum in eine Schüssel geben.

3 Essig, Zitronensaft, Balsamico Creme und Öl verrühren, kräftig salzen und pfeffern. Mit den Kichererbsen vermischen, den Salat mit Salz und Cayennepfeffer abschmecken. Nach Belieben mit Basilikumblättchen bestreut servieren.

lässt sich gut vorbereiten | vegan

Bohnensalat

200 g getrocknete Borlotti-Bohnen
200 g getrocknete Cannellini-Bohnen
6 EL Olivenöl | 2–3 EL Rotweinessig
1 ½ TL Dijon-Senf | 1 EL Honig
Salz | Pfeffer
500 g Tomaten | 2 Knoblauchzehen
5 Frühlingszwiebeln
1 große rote Paprikaschote
je 3 EL gehackte Petersilien- und Basilikumblättchen

Für 4 Personen | ⓘ 25 Min. Zubereitung
Einweichen über Nacht | 1 Std. 30 Min. Garen
Pro Portion ca. 520 kcal, 31 g EW, 18 g F, 58 g KH

1 Borlotti- und Cannellini-Bohnen mit Wasser bedecken und über Nacht einweichen. Am nächsten Tag die Bohnen in einem Sieb kalt abspülen, in einen Topf geben und mit Wasser bedecken, dann zugedeckt aufkochen und bei mittlerer Hitze in 1–1 Std. 30 Min. garen. Die Bohnen in einem Sieb kalt abspülen, abtropfen und abkühlen lassen.

2 Öl, Essig, Senf und Honig verrühren, mit Salz und Pfeffer würzen. Tomaten mit einem Sparschäler dünn schälen, die Stielansätze entfernen, die Viertel entkernen und in kleine Würfel schneiden. Mit dem Dressing mischen.

3 Knoblauch schälen, fein hacken. Frühlingszwiebeln putzen, waschen und in feine Ringe schneiden. Die Paprikaschote vierteln, putzen, waschen und klein würfeln. Knoblauch, Frühlingszwiebeln, Paprikawürfel, Tomatendressing und Kräuter mit den Bohnen mischen, salzen und pfeffern.

oben: Kichererbsensalat | unten: Bohnensalat

für Käseliebhaber

Frittata »Quattro formaggi«

Schmeckt warm und kalt. Unbedingt auch mal ausprobieren: Ein Ciabatta-Brötchen halbieren, mit Frittata und ein paar Tomatenscheiben belegen.

6 Eier (M) | 3 EL Sahne | 125 g Mozzarella (S. 6) | je 30 g geriebener Pecorino, Provolone und Fontina (S. 6) | Salz | Pfeffer | 4 Frühlingszwiebeln | 2 EL Olivenöl | 2 Handvoll Basilikumblätter

Für 4 Personen | ⊕ 25 Min. Zubereitung
Pro Portion ca. 300 kcal, 18 g EW, 25 g F, 2 g KH

1 Eier und Sahne verrühren. Mozzarella abtropfen lassen und fein würfeln. Mit dem geriebenen Käse unter die Eier mischen. Die Mischung leicht salzen und kräftig pfeffern. Den Ofen auf 180° vorheizen.

2 Frühlingszwiebeln putzen, waschen und in feine Ringe schneiden. Öl in einer großen, ofenfesten, beschichteten Pfanne (ca. 28 cm Ø) erhitzen, Frühlingszwiebeln darin unter Rühren bei mittlerer Hitze 2–3 Min. andünsten. Eier-Käse-Mix dazugeben und zugedeckt bei mittlerer Hitze 4–5 Min. braten.

3 Basilikum gleichmäßig auf der Frittata verteilen. Frittata offen im Ofen (Mitte, Umluft 160°) 6–8 Min. backen, dann vorsichtig auf einen großen Teller gleiten lassen, in Stücke schneiden und servieren.

VARIANTE MIT SPINAT

400 g Blattspinat putzen, waschen, in kochendem Salzwasser in 2–3 Min. garen. In einem Sieb kalt abspülen und abtropfen lassen. Spinat gut ausdrücken und grob hacken. 2 Knoblauchzehen schälen und hacken. 4 Frühlingszwiebeln putzen, waschen und in Ringe schneiden. 2 EL Olivenöl in einer Pfanne erhitzen, Knoblauch und Frühlingszwiebeln darin 2–3 Min. andünsten. Spinat zugeben und 2–3 Min. mitgaren. Eier-Käse-Mix wie in Schritt 1 zubereiten und mit Muskat würzen. Spinat-Mix untermischen, mit Salz und Pfeffer würzen. Frittata wie in Schritt 3 ohne Basilikum zubereiten.

blitzschnell | vegan

Kräuter-Zucchini

600 g Zucchini | 2 kleine Knoblauchzehen |
100 ml Olivenöl | 60 ml Rotweinessig | je 3 EL fein
gehackte Minze- und Basilikumblättchen | Salz |
Pfeffer | 1–2 Prisen Zucker

Für 4 Personen | ⊚ 20 Min. Zubereitung
Pro Portion ca. 260 kcal, 2 g EW, 26 g F, 5 g KH

1 Die Zucchini waschen, putzen und auf der
Gemüsereibe grob raspeln. Knoblauch schälen und
fein hacken. Mit Öl und Essig in einem kleinen Topf
verrühren, erhitzen und zu den Zucchini geben.
Minze und Basilikum untermischen.

2 Kräuter-Zucchini kräftig mit Salz, Pfeffer und
Zucker abschmecken, abkühlen lassen und servieren. Oder in ein sauberes Schraubglas oder eine
Plastikdose mit Deckel füllen und in den Kühlschrank stellen (hält mindestens 2–3 Tage).

lässt sich gut vorbereiten | vegan

Süßsaure Möhren

600 g Möhren | 2 Knoblauchzehen | 1 Zweig Ros-
marin | je 150 ml Weißwein und Weißweinessig |
4 EL Olivenöl | 1 ½ EL Zucker | 1 Lorbeerblatt |
Salz | Pfeffer | 3 EL gehackte Basilikumblättchen

Für 4 Personen
⊚ 25 Min. Zubereitung | 3–4 Std. Marinieren
Pro Portion ca. 180 kcal, 1 g EW, 10 g F, 13 g KH

1 Die Möhren putzen, schälen und schräg in feine
Scheiben schneiden. Knoblauch schälen und in
Scheibchen schneiden. Rosmarin waschen und
trocken schütteln. Wein, Essig und 150 ml Wasser
in einem Topf erhitzen. Knoblauch, Öl, Zucker, Lorbeerblatt, Rosmarin, je 3–4 Prisen Salz und Pfeffer
zum Sud geben, alles einmal aufkochen.

2 Möhren in den Sud geben und zugedeckt bei
mittlerer Hitze in 8–10 Min. garen. Rosmarin und
Lorbeerblatt entfernen. Möhren etwas abkühlen
lassen. Basilikum untermischen. Möhren abgedeckt
mindestens 3–4 Std. ziehen lassen, dann servieren.

duftet nach Süden

Fenchelsuppe mit Paprikapesto

Sieht gut aus und schmeckt auch so: Das Pesto zum Einrühren bei Tisch gibt der Suppe erst einen raffinierten Aroma-Kick.

4 Frühlingszwiebeln
1 große Fenchelknolle
300 g mehligkochende Kartoffeln
60 ml Olivenöl
1,2 l Gemüsebrühe
2 TL abgeriebene Schale von 1 Bio-Zitrone
2 EL frisch gepresster Zitronensaft
Salz | Pfeffer
150 g geröstete, rote Paprikaschoten
(aus dem Glas)
2 Knoblauchzehen
3 EL fein gehackte Petersilie
3 EL frisch geriebener Pecorino (S. 6)
1 EL Balsamico Creme (S. 58)

Für 4 Personen | ⊘ 35 Min. Zubereitung
Pro Portion ca. 240 kcal, 4 g EW, 17 g F, 15 g KH

1 Frühlingszwiebeln putzen, waschen und in Ringe schneiden. Fenchel putzen, waschen, längs halbieren und den harten Strunk entfernen, dabei das Fenchelgrün beiseitelegen und hacken (ca. 2 EL). Fenchelhälften quer in Streifen schneiden. Kartoffeln schälen, waschen und in Scheiben schneiden.

2 1 EL Öl in einem Topf erhitzen, Frühlingszwiebeln, Fenchel und Kartoffeln zugeben und alles unter Rühren bei mittlerer Hitze 3–4 Min. andünsten. Brühe angießen, Zitronenschale und -saft dazugeben. Das Gemüse mit Salz und Pfeffer würzen und zugedeckt bei mittlerer Hitze in ca. 20 Min. garen, dabei mehrmals umrühren.

3 Für das Pesto die gerösteten Paprikaschoten abtropfen lassen und grob würfeln. Den Knoblauch schälen. Mit Paprika, Fenchelgrün, Petersilie, Pecorino, restlichem Öl und der Balsamico Creme im Mixer fein pürieren. Das Paprikapesto in eine kleine Schüssel geben und beiseitestellen.

4 Zwei Drittel der Suppe mit dem Pürierstab fein pürieren, den Rest wieder unterrühren. Die Suppe mit Salz und Pfeffer würzen und anrichten. Das Paprikapesto zum Einrühren extra dazu servieren.

VARIANTE MIT ZUCCHINI UND BOHNEN

200 g weiße Zwiebeln schälen, halbieren und in feine Spalten schneiden. 2 Knoblauchzehen schälen und fein hacken. 400 g Zucchini waschen, putzen, längs halbieren und die Hälften in breite Scheiben schneiden. 400 g festkochende Kartoffeln schälen, waschen, vierteln und in Scheiben schneiden. 300 g grüne Bohnen putzen, waschen, schräg in ca. 2 cm lange Stücke schneiden und in kochendem Salzwasser in 3–4 Min. garen. In einem Sieb kalt abspülen und abtropfen lassen. 2 EL Olivenöl erhitzen, Zwiebelspalten, Knoblauch und 1 getrocknete Chilischote darin unter Rühren bei mittlerer Hitze 3–4 Min. andünsten. Zucchini, Kartoffeln und Bohnen zufügen, 1 große Dose Tomaten (480 g Abtropfgewicht) und 800–1000 ml Gemüsebrühe zugeben, die Tomaten mit einer Gabel leicht zerdrücken. Die Suppe mit 2 EL Aceto balsamico, Salz und Pfeffer würzen und zugedeckt bei mittlerer Hitze in 12–15 Min. garen. Mit dem Paprikapesto servieren.

mild-würzig

Kürbissuppe

400 g Bio-Hokkaido-Kürbis
100 g Staudensellerie
2 Knoblauchzehen
1 Zwiebel
2 EL Olivenöl
1 l Gemüsebrühe
Salz | Pfeffer
1–2 EL frisch gepresster Zitronensaft
4 TL Pesto (S. 9)

Für 4 Personen | ⏱ 30 Min. Zubereitung (+ Pesto)
Pro Portion ca. 100 kcal, 2 g EW, 6 g F, 5 g KH

1 Den Kürbis waschen, in Spalten schneiden, entkernen und die Spalten in feine Scheibchen schneiden. Den Staudensellerie waschen, putzen und ebenfalls in Scheibchen schneiden. Selleriegrün waschen, grob hacken und beiseitelegen.

2 Knoblauch und Zwiebel schälen und grob hacken. Öl erhitzen, Zwiebel, Knoblauch, Sellerie und Kürbis darin unter Rühren bei mittlerer Hitze 3–4 Min. andünsten. Brühe angießen und das Selleriegrün dazugeben. Alles mit Salz und Pfeffer würzen und zugedeckt bei mittlerer Hitze 15–20 Min. köcheln lassen, dabei mehrmals umrühren.

3 Den Topf beiseitestellen. Die Suppe mit dem Pürierstab fein pürieren, mit Zitronensaft, Salz und Pfeffer würzen. Suppe anrichten, je 1 TL Pesto in die Mitte geben und leicht verrühren.

SERVIER-TIPP
Zusätzlich je 2 EL Tomatenwürfelchen oder 2 EL knusprig gebratene Weißbrotwürfel auf der Suppe verteilen.

zum Sattessen

Kichererbsensuppe

200 g getrocknete Kichererbsen
6 Frühlingszwiebeln
2 Knoblauchzehen
2 kleine, getrocknete Chilischoten
2 EL Olivenöl
1 große Dose Tomaten (480 g Abtropfgewicht)
1 l Gemüsebrühe
100 g kleine Nudeln (z. B. Hörnchennudeln oder Gnocchetti sardi)
Salz | Pfeffer | 2 EL Aceto balsamico
4 EL frisch geriebener Pecorino (S. 6)

Für 4 Personen | ⏱ 30 Min. Zubereitung
Einweichen über Nacht | 1 Std. 30 Min. Garen
Pro Portion ca. 360 kcal, 15 g EW, 11 g F, 48 g KH

1 Die Kichererbsen in kaltem Wasser über Nacht einweichen. Am nächsten Tag abgießen, mit frischem kaltem Wasser aufkochen und zugedeckt bei mittlerer Hitze in 1–1 Std. 30 Min. garen. Dann in einem Sieb abtropfen und auskühlen lassen.

2 Frühlingszwiebeln putzen, waschen und in Ringe schneiden. Knoblauch schälen und fein hacken. Chilis zerbröseln. Öl erhitzen, Frühlingszwiebeln, Knoblauch und Chilis darin unter Rühren bei mittlerer Hitze 2–3 Min. andünsten.

3 Die Tomaten dazugeben und mit einer Gabel leicht zerdrücken. Die Brühe angießen, Kichererbsen und Nudeln untermischen. Alles mit Salz und Pfeffer würzen und zugedeckt bei mittlerer Hitze 8–10 Min. köcheln lassen, dabei mehrmals umrühren. Die Suppe mit Salz, Pfeffer und Essig würzen und mit dem Pecorino bestreut servieren.

braucht etwas Zeit

Dinkel-Minestrone

Eine sättigende »Vollwert«-Suppe für kalte Wintertage: mit kernigem Getreide und frischem Gemüse – die schmeckt auch aufgewärmt sehr fein.

100 g Dinkelkörner (Bioladen oder Reformhaus)
200 g Mangold | Salz
1 Knoblauchzehe | 4 Frühlingszwiebeln
2 Möhren | 100 g Staudensellerie
250 g Wirsing | 2 EL Olivenöl
1,2 l Gemüsebrühe
Salz | Pfeffer | 1 TL getrockneter Thymian
300 g Tomaten | 1 EL Rotweinessig
4 EL fein geriebener Pecorino (S. 6)

Für 4 Personen | ⏱ 45 Min. Zubereitung
Einweichen über Nacht | 2 Std. Quellen
Pro Portion ca. 205 kcal, 9 g EW, 8 g F, 22 g KH

1 Dinkel in kaltem Wasser über Nacht einweichen. Am nächsten Tag den Dinkel kalt abspülen, mit reichlich kaltem Wasser aufkochen und zugedeckt bei mittlerer Hitze in 15–20 Min. garen. In einem Sieb kalt abspülen, abtropfen lassen und in einer Schüssel mindestens 2 Std. ausquellen lassen.

2 Den Mangold putzen und waschen, Stiele und Blätter getrennt in feine Streifen schneiden. Reichlich Wasser aufkochen und salzen, die Mangoldstiele darin bei mittlerer Hitze in ca. 5 Min. garen. Blätter dazugeben und ca. 5. Min. weitergaren. In ein Sieb abgießen, kalt abspülen und abtropfen lassen.

3 Knoblauch schälen und hacken. Frühlingszwiebeln putzen, waschen und in Ringe schneiden. Möhren putzen, schälen und in Scheiben schneiden. Staudensellerie putzen, waschen und in Scheibchen schneiden. Wirsing putzen, waschen

und in Streifen schneiden. Öl in einem Topf erhitzen, Knoblauch und Gemüse darin unter Rühren bei mittlerer Hitze 3–4 Min. andünsten. Brühe und Mangold dazugeben. Alles mit Salz, Pfeffer und Thymian würzen und zugedeckt bei mittlerer Hitze 10–12 Min. köcheln lassen.

4 Tomaten mit dem Sparschäler schälen, vierteln, die Stielansätze entfernen. Die Viertel entkernen und grob hacken. Tomaten, Dinkel und Essig zur Suppe geben und 8–10 Min. köcheln lassen. Suppe salzen und pfeffern. Mit Pecorino bestreut servieren.

VARIANTE – ORZO-SUPPE MIT BOHNEN
Für 4 Personen: 125 g getrocknete rote Bohnen in kaltem Wasser über Nacht einweichen. Am nächsten Tag abgießen und abspülen. Rote Bohnen und 100 g Perlgraupen getrennt in zwei Töpfen mit frischem Wasser aufkochen. Graupen zugedeckt bei mittlerer Hitze in 25–30 Min., Bohnen in ca. 1 Std. 30 Min. bis 2 Std. garen. Graupen und Bohnen getrennt abtropfen lassen. Graupen in einer Schüssel zugedeckt ca. 2 Std. ausquellen lassen. 2 Knoblauchzehen schälen und hacken. Je 100 g Möhren, Frühlingszwiebeln und Staudensellerie putzen, waschen oder schälen und grob würfeln. 2 EL Olivenöl erhitzen, Knoblauch und Gemüse darin 3–4 Min. andünsten. 1 l Gemüsebrühe angießen, alles zugedeckt 10–12 Min. köcheln lassen. Suppe fein pürieren. Graupen, Bohnen und 1 EL frisch gepressten Zitronensaft zugeben. Suppe salzen, pfeffern und 3–4 Min. köcheln lassen. Auf Teller verteilen und mit je 1 EL gehacktem Basilikum bestreut servieren.

Pizza & Pasta

Unter den Top Ten der italienischen Genüsse belegen Pizza und Pasta ganz klar die vorderen Plätze. In diesem Kapitel gibt es zu Spaghetti und Co. viele köstliche Saucen mit den allerbesten vegetarischen Zutaten. Und meine Lieblings-Teigfladen werden mit viel frischem Gemüse oder als Pizza pane einfach mal nur mit Kräutern und Knoblauch belegt.

Pizza pane

Für den Pizzateig:
1 Päckchen Trockenhefe | ½ TL Zucker
350 g Weizenmehl (Type 405)
1 ½ TL Salz | 2 EL Olivenöl
Für den Belag:
3 Knoblauchzehen
4 EL Olivenöl
je 1 EL getrockneter Rosmarin, Thymian, Oregano
1–2 EL grobes Meersalz
Backpapier für das Backblech | Mehl zum Arbeiten

Für 4 Personen | ⊚ 40 Min. Zubereitung
1 Std. 30 Min. Gehen | 20 Min. Backen
Pro Stück ca. 460 kcal, 12 g EW, 16 g F, 66 g KH

1 Die Trockenhefe mit dem Zucker und 80 ml lauwarmem Wasser in einer Schüssel vermischen. Den Vorteig abgedeckt an einem warmen Ort ca. 30 Min. gehen lassen.

2 Mehl, Salz, Öl und 100 ml lauwarmes Wasser zum Vorteig geben, alles mischen und mit den Händen verkneten. Den Teig in eine Schüssel geben und abgedeckt ca. 1 Std. gehen lassen, bis sich das Volumen verdoppelt hat.

3 Den Backofen auf 250° vorheizen. Ein Backblech mit Backpapier auslegen. Den Teig auf einer bemehlten Arbeitsfläche durchkneten und auf dem Blech gleichmäßig ausrollen. Dabei die Ränder etwas hoch ziehen und mit einem Finger in regelmäßigen Abständen in den Teig stechen. Den Knoblauch schälen und in Scheibchen schneiden. Teig mit Öl beträufeln, mit Knoblauch belegen, mit Kräutern und Meersalz bestreuen. Im Ofen (Mitte, Umluft 230°) 15–20 Min. backen. Herausnehmen, etwas abkühlen lassen und in Stücken servieren.

mit zweierlei Gemüse

Pizza verdura

Raffiniert mit feinem Kürbis-Spinat-Belag: Und weil's so praktisch ist, dafür am besten Bio-Hokkaido-Kürbis nehmen – den kann man nämlich mit Schale essen.

1 Grundrezept Pizzateig (S. 27) | 200 g Lauch | 200 g Bio-Hokkaido-Kürbis | 300 g Blattspinat | Salz | 2 Knoblauchzehen | 1 rote Chilischote | 6 EL Olivenöl | Cayennepfeffer | 8 EL geriebener Pecorino (S. 6) | Backpapier für das Backblech

Für 4 Personen
⏱ 45 Min. Zubereitung (+ Teig) | 20 Min. Backen
Pro Stück ca. 550 kcal, 16 g EW, 25 g F, 66 g KH

1 Den Hefeteig, wie auf Seite 27 beschrieben, zubereiten. Den Lauch putzen, längs halbieren, waschen und in feine Streifen schneiden. Den Kürbis waschen, entkernen und samt Schale längs in Streifen, dann in feine Scheibchen schneiden.

2 Den Spinat putzen, verlesen und gründlich waschen. Reichlich Wasser in einem Topf erhitzen und salzen. Den Spinat darin in 1–2 Min. garen.

Den Spinat in ein Sieb abgießen, kalt abspülen und abtropfen lassen. Den Spinat gut ausdrücken und anschließend grob hacken.

3 Den Knoblauch schälen und fein hacken. Die Chilischote längs halbieren, entkernen, waschen und in feine Streifen schneiden. Den Backofen auf 250° vorheizen. Ein Backblech mit Backpapier auslegen. 2 EL Öl in einem Topf erhitzen, Knoblauch, Chili, Lauch und Kürbis darin bei mittlerer Hitze 3–4 Min. andünsten. Den Spinat unterrühren. Das Gemüse mit Salz und Cayennepfeffer abschmecken.

4 Den Teig auf dem Blech ausrollen, dabei die Ränder leicht hoch ziehen. Das Gemüse gleichmäßig darauf verteilen, mit übrigem Öl beträufeln und mit dem Käse bestreuen. Im Backofen (Mitte, Umluft 230°) 15–20 Min. backen. Herausnehmen, vierteln oder in Stücke schneiden.

gelingt leicht

Brokkoli-Pizza

1 Grundrezept Pizzateig (S. 27) | 1 Rezept Tomatensugo (S. 8) | 250 g Brokkoli | Salz | 150 g Kirschtomaten | Pfeffer | 2 Handvoll Basilikumblätter | 4 EL Olivenöl | 4 EL frisch geriebener Pecorino (S. 6) | 100 g grob geriebener Provolone (S. 6) | Backpapier für das Backblech

Für 4 Personen | ⏲ 40 Min. Zubereitung (+ Teig und Sugo) | 20 Min. Backen
Pro Stück ca. 700 kcal, 25 g EW, 32 g F, 76 g KH

1 Teig und Sugo zubereiten. Blech mit Backpapier auslegen. Brokkoli putzen, in Röschen teilen, waschen, in kochendem Salzwasser in 3–4 Min. garen. Abtropfen lassen. Teig auf dem Blech ausrollen, die Ränder etwas hoch ziehen. Ofen auf 250° vorheizen. Teig mit Sugo bestreichen, mit Brokkoli belegen. Tomaten waschen, halbieren und daraufgeben. Salzen, pfeffern und mit Basilikum bestreuen. Mit Öl beträufeln, mit Käse bestreuen. Im Ofen (Mitte, Umluft 230°) 15–20 Min. backen.

frisch und saftig

Tomaten-Basilikum-Pizza

1 Grundrezept Pizzateig (S. 27) | 800 g Tomaten | 1 Bund Basilikum | 3 Knoblauchzehen | Salz | Pfeffer | 4 EL Olivenöl | 8 EL frisch geriebener Pecorino (S. 6) | Backpapier

Für 4 Personen
⏲ 45 Min. Zubereitung (+ Teig) | 20 Min. Backen
Pro Stück ca. 520 kcal, 16 g EW, 20 g F, 69 g KH

1 Teig zubereiten. Backblech mit Backpapier auslegen. Teig darauf ausrollen, die Ränder etwas hoch ziehen. Ofen auf 250° vorheizen.

2 Tomaten dünn schälen, Stielansätze entfernen. Tomaten vierteln, entkernen und grob hacken. Basilikum waschen und trocken schütteln, die Blätter abzupfen, größere Blätter grob hacken. Knoblauch schälen und fein hacken. Den Teig mit Tomaten, Basilikum und Knoblauch belegen, salzen und pfeffern. Mit Öl beträufeln. Mit Käse bestreuen. Im Ofen (Mitte, Umluft 230°) 15–20 Min. backen. Etwas abkühlen lassen, vierteln und servieren.

besonders fein

Pizza mit Artischocken

1 Grundrezept Pizzateig (S. 27)
400 g in Öl eingelegte Artischockenherzen
(aus dem Glas)
200 g schwarze Oliven (ohne Stein)
2 Knoblauchzehen
2 kleine, getrocknete Chilischoten
4 EL Olivenöl | Salz
150 g Provolone (S. 6)
Backpapier für das Backblech

Für 4 Personen
🕐 35 Min. Zubereitung (+ Teig) | 20 Min. Backen
Pro Stück ca. 690 kcal, 24 g EW, 34 g F, 74 g KH

1 Den Teig, wie auf Seite 27 beschrieben, zubereiten. Ein Backblech mit Backpapier auslegen.
Den Teig darauf ausrollen, die Ränder leicht hoch
ziehen. Den Backofen auf 250° vorheizen. Die
Artischockenherzen abtropfen lassen und längs
in Scheiben schneiden. Artischocken und Oliven
gleichmäßig auf dem Teig verteilen.

2 Knoblauch schälen und fein hacken. Getrock-
nete Chilischoten fein zerbröseln. Beides mit dem
Öl vermischen und salzen. Das Würzöl über den
Artischocken-Oliven-Mix träufeln.

3 Den Provolone grob reiben und über die Pizza
streuen. Die Pizza im Backofen (Mitte, Umluft 230°)
15–20 Min. backen. Dann die Pizza herausnehmen, kurz abkühlen lassen, vierteln oder in Stücke
schneiden und servieren.

schön herzhaft

Pizza mit Zwiebeln

1 Grundrezept Pizzateig (S. 27)
3 weiße Gemüsezwiebeln (ca. 450 g)
3 Knoblauchzehen
4 EL Kapernäpfel (aus dem Glas)
3 EL Olivenöl
Salz | Cayennepfeffer
2 EL getrockneter Oregano
100 g Gorgonzola (S. 6)
4 EL frisch geriebener Pecorino (S. 6)
Backpapier für das Backblech

Für 4 Personen
🕐 50 Min. Zubereitung (+ Teig) | 20 Min. Backen
Pro Stück ca. 560 kcal, 19 g EW, 23 g F, 69 g KH

1 Den Teig, wie auf Seite 27 beschrieben, zubereiten. Ein Backblech mit Backpapier auslegen. Den
Teig darauf ausrollen, die Ränder leicht hoch ziehen. Den Backofen auf 250° vorheizen.

2 Die Zwiebeln schälen und in feine Ringe schneiden oder hobeln. Knoblauch schälen und fein
hacken. Kapernäpfel abtropfen lassen. Öl in einer
großen Pfanne erhitzen, Zwiebeln und Knoblauch
darin unter Rühren bei mittlerer Hitze 5–6 Min.
andünsten. Den Knoblauch-Zwiebel-Mix und die
Kapernäpfel gleichmäßig auf dem Teig verteilen,
mit Salz, Cayennepfeffer und Oregano würzen.

3 Den Gorgonzola fein würfeln. Gorgonzola und
Pecorino über die Pizza streuen. Die Pizza im Ofen
(Mitte, Umluft 230°) 15–20 Min. backen. Heraus-
nehmen, kurz abkühlen lassen, vierteln oder in
Stücke schneiden und servieren.

oben: Pizza mit Artischocken | unten: Pizza mit Zwiebeln

auch zum Mitnehmen

Pizzakuchen

Knusprig gebacken und fein gefüllt – mit saftigem Gemüse, herzhaften Oliven und würzigem Käse. Schmeckt warm und kalt sehr gut.

1 Grundrezept Pizzateig (S. 27)
250 g Blattspinat | Salz
3 Frühlingszwiebeln
100 g Staudensellerie | 1 Knoblauchzehe
50 g schwarze Oliven (ohne Stein)
100 g in Öl eingelegte Artischockenherzen
(aus dem Glas)
1 kleine, getrocknete Chilischote
3 EL Olivenöl
Cayennepfeffer | 1 TL getrockneter Thymian
100 g Provolone (S. 6)
4 EL frisch geriebener Pecorino (S. 6)
1 EL Olivenöl für die Form | Mehl zum Arbeiten

Für 1 Springform (ca. 25 cm Ø, ca. 8 Stücke)
⊕ 45 Min. Zubereitung (+ Teig) | 25 Min. Backen
Pro Stück ca. 300 kcal, 11 g EW, 14 g F, 34 g KH

1 Den Teig, wie auf Seite 27 beschrieben, zubereiten. Den Spinat putzen, verlesen und gründlich waschen. Reichlich Wasser in einem Topf aufkochen und salzen. Den Spinat darin in 1–2 Min. garen, dann in ein Sieb abgießen, kalt abspülen und abtropfen lassen. Den Spinat gut ausdrücken und mit einem Messer grob hacken.

2 Die Frühlingszwiebeln putzen, waschen und schräg in feine Ringe schneiden. Den Staudensellerie putzen, waschen und in Scheibchen schneiden. Den Knoblauch schälen und fein hacken. Die Oliven in Ringe schneiden. Die Artischockenherzen abtropfen lassen. Die getrocknete Chilischote zerbröseln.

3 1 EL Öl in einer beschichteten Pfanne erhitzen, Frühlingszwiebeln, Staudensellerie, Knoblauch und Chili darin unter Rühren bei mittlerer Hitze 3–4 Min. andünsten. Oliven, Artischockenherzen und Spinat dazugeben und kurz mitdünsten. Die Gemüsemischung mit Salz, Cayennepfeffer und Thymian würzen, dann vom Herd nehmen und etwas abkühlen lassen. Den Provolone grob reiben.

4 Den Backofen auf 250° vorheizen. Die Form mit 1 EL Öl einfetten. Den gegangenen Teig (er sollte sich etwa verdoppelt haben) auf einer bemehlten Arbeitsfläche durchkneten. Etwa zwei Drittel des Teiges auf einer leicht bemehlten Arbeitsfläche ausrollen und in die Form geben, mit den Händen so auseinanderdrücken, dass ein ca. 3 cm hoher Rand entsteht und der Teig gleichmäßig dick ist.

5 Das Gemüse mit Provolone und Pecorino mischen und die Mischung auf dem Teig verteilen. Den restlichen Teig auf einer leicht bemehlten Arbeitsfläche ausrollen und mit den Händen etwas größer als die Form auseinanderziehen. Die Teigplatte auf das Gemüse legen und rundherum mit den Händen an den unteren Teigrand drücken.

6 Den Pizzakuchen mit 2 EL Öl beträufeln und im Ofen (Mitte, Umluft 230°) in 20–25 Min. hellbraun und knusprig backen. Herausnehmen, etwas abkühlen lassen und in Stücken servieren.

raffiniert | süß-scharf

Buchweizennudeln mit Käse

Eine feine, selbst gemachte Pasta mit aromatischem Buchweizenmehl – funktioniert garantiert, auch ohne Nudelmaschine.

160 g Buchweizenmehl (Bioladen oder Reformhaus)
140 g Weizenmehl (Type 405)
3 Eier (M)
1 EL Milch | Salz
2 süße Birnen (ca. 400 g, z. B. Williams Christ)
1 EL frisch gepresster Zitronensaft
3 EL Butter
1 EL Olivenöl
2 kleine, getrocknete Chilischoten
160 g fein gehobelter, junger Pecorino (S. 6)
Pfeffer aus der Mühle | Mehl zum Arbeiten

Für 4 Personen
⏲ 50 Min. Zubereitung | 30 Min. Ruhen
Pro Portion ca. 590 kcal, 23 g EW, 28 g F, 62 g KH

1 Buchweizenmehl und Weizenmehl in eine Schüssel sieben. Eier, Milch und ½ TL Salz zugeben und mit den Knethaken des Handrührgeräts verkneten. Teig mit etwas Mehl bestäuben und mit den Händen gut durchkneten. Teig in Frischhaltefolie wickeln und mindestens 30 Min. ruhen lassen.

2 Den Teig in 2 Portionen auf einer bemehlten Arbeitsfläche dünn ausrollen. Die Teigplatten mit einem scharfen Messer oder einem Teigroller in ca. 1 cm breite Bandnudeln schneiden. In einem großen Topf reichlich Wasser aufkochen und salzen. Nudeln darin bei mittlerer Hitze in 5–6 Min. garen. In einem Sieb kalt abspülen und gut abtropfen lassen.

3 Birnen schälen, vierteln und entkernen, die Viertel in Scheibchen schneiden und mit Zitronensaft beträufeln. Butter und Öl in einer großen Pfanne erhitzen. Chilischoten zerbröseln, Chili und Birnen darin unter Rühren 2–3 Min. andünsten. Nudeln untermischen, mit Käse bestreuen. Käse zugedeckt in 3–4 Min. schmelzen lassen. Nudeln mit etwas grob gemahlenem Pfeffer bestreut servieren.

VARIANTE – BUCHWEIZEN-PASTA AL FORNO
Für 4 Personen: Buchweizenpasta, wie im Rezept beschrieben, zubereiten und garen. 300 g festkochende Kartoffeln schälen, waschen und grob würfeln. 400 g Wirsing putzen, vierteln, in feine Streifen schneiden und waschen. Beides in kochendem Salzwasser in 6–8 Min. garen. In einem Sieb kalt abspülen und abtropfen lassen. 200 g Zwiebeln schälen und in Spalten schneiden. 2 Knoblauchzehen schälen und hacken. Ofen auf 200° vorheizen. Eine ofenfeste Form (ca. 20 x 30 cm) mit 1 EL Butter einfetten, 250 g Fontina (S. 6) grob reiben. 2 EL Olivenöl in einer großen beschichteten Pfanne erhitzen. Zwiebeln, Knoblauch, Wirsing, Kartoffeln und 3 EL fein gehackten Salbei darin unter Rühren 4–5 Min. andünsten. Nudeln, Kartoffeln und Gemüse in die Form geben, salzen und pfeffern. Mit dem Käse bestreuen. Im Ofen (Mitte, Umluft 180°) in 12–15 Min. überbacken.

Spaghettini mit Spargelsugo

Eleganter, grüner Spargel in Begleitung von einem Potpourri raffinierter Geschmacks-nuancen: würzige Kräuter, cremiger Frischkäse und ein Hauch Zitrone.

500 g grüner Spargel | 2 Knoblauchzehen |
3 EL Olivenöl | 3 EL Butter | 500–600 ml Gemüse-
brühe | 100 ml Weißwein | 4 EL fein gehackte
Basilikumblättchen | 1–2 EL frisch gepresster
Zitronensaft | 3 EL Mascarpone (S. 6 und 59) |
Salz | Cayennepfeffer | 500 g Spaghettini |
1 ½ EL abgeriebene Schale von 1 Bio-Zitrone |
2 EL fein gehackte Minzeblättchen

Für 4 Personen | ⏱ 40 Min. Zubereitung
Pro Portion ca. 690 kcal, 18 g EW, 23 g F, 98 g KH

1 Spargel putzen und waschen, im unteren Drittel
schälen und schräg in Scheibchen schneiden. Ein
Viertel der Spargelspitzenscheibchen beiseitelegen.
Knoblauch schälen und grob hacken.

2 Je 2 EL Öl und Butter in einem Topf erhitzen,
übrige Spargelscheibchen und Knoblauch darin
unter Rühren bei mittlerer Hitze 3–4 Min. andünsten. Brühe und Wein dazugießen. 2 EL gehacktes
Basilikum und Zitronensaft untermischen, den
Spargel bei kleiner Hitze in 8–10 Min. garen. Den
Mascarpone unterrühren und 2–3 Min. köcheln
lassen. Alles mit dem Pürierstab fein pürieren, das
Püree mit Salz und Cayennepfeffer würzen.

3 Spaghettini in kochendem Salzwasser nach
Packungsangabe garen, dann in einem Sieb
abtropfen lassen. Je 1 EL Öl und Butter in einer
beschichteten Pfanne erhitzen, die beiseitege-
legten Spargelscheibchen darin unter Rühren in
3–4 Min. garen. Zitronenschale, übriges Basilikum
und die Minze untermischen. Spaghettini mit dem
Spargelsugo vermischen und auf Teller verteilen.
Den Spargel-Kräuter-Mix darauf anrichten.

fruchtig-scharf

Penne mit Tomaten

800 g Tomaten | 150 g Rucola | 6 EL Olivenöl | Salz | Pfeffer | 500 g Penne lisce | 2 Knoblauch-zehen | 2 kleine, getrocknete Chilischoten | 4 EL gehackte Mandeln | 4 EL fein gehobelter Pecorino (nach Belieben, S. 6)

Für 4 Personen | 🕙 30 Min. Zubereitung
Pro Portion ca. 690 kcal, 21 g EW, 23 g F, 101 g KH

1 Tomaten mit dem Sparschäler dünn schälen, Stielansätze entfernen. Tomaten vierteln, entkernen und grob würfeln. Rucola putzen, waschen, trocken schleudern und grob hacken. Mit Tomaten und 4 EL Öl vermischen, salzen und pfeffern.

2 Nudeln nach Packungsangabe garen, dann abtropfen lassen. Knoblauch schälen und hacken, Chilischoten zerbröseln. Restliches Öl in einer beschichteten Pfanne erhitzen, Knoblauch, Chili und Mandeln darin unter Rühren 2–3 Min. andüns-ten. Nudeln mit Tomatenmix mischen, salzen und pfeffern. Nach Belieben mit Käse servieren.

mittelmeer-würzig

Pasta mit Olivensauce

2 Knoblauchzehen | 150 g Zwiebeln | 2 kleine, getrocknete Chilischoten | 200 g schwarze Oliven (ohne Stein) | 2 EL Olivenöl | 1 große Dose Toma-ten (480 g Abtropfgewicht) | 200 ml Gemüsebrü-he | 4 EL kleine Kapern (aus dem Glas) | 4 EL fein gehackte Basilikumblättchen | 2 EL Aceto balsa-mico | Salz | Cayennepfeffer | 500 g Orechiette

Für 4 Personen | 🕙 35 Min. Zubereitung
Pro Portion ca. 610 kcal, 19 g EW, 14 g F, 102 g KH

1 Knoblauch und Zwiebeln schälen und hacken. Chilis fein zerbröseln. Oliven in Ringe schneiden. Öl erhitzen, Knoblauch, Zwiebeln und Chilis darin unter Rühren bei mittlerer Hitze 2–3 Min. dünsten. Tomaten und Brühe zugeben, Tomaten mit einer Gabel leicht zerdrücken. Oliven, Kapern und Basili-kum untermischen. Alles mit Essig, Salz und Ca-yennepfeffer würzen und bei kleiner Hitze 8–10 Min. köcheln lassen. Nudeln nach Packungsangabe garen, abtropfen lassen, mit Sauce mischen.

für Gäste | braucht etwas Zeit

Lasagne mit Auberginen

Beliebter Genuss in Schichten! Tomatensugo, Béchamelsauce und die würzig gebratenen Auberginenscheiben lassen sich gut vorbereiten.

1 Rezept Tomatensugo (S. 8)
30 g Weizenmehl (405)
30 g Butter
350–400 ml Milch
Salz | Pfeffer
frisch geriebene Muskatnuss
1 Aubergine (ca. 350 g)
6 EL Olivenöl
250 g Lasagneblätter (ohne Vorkochen)
2 Handvoll Basilikumblättchen
200 g Mozzarella (S. 6)
6 EL fein geriebener Pecorino (S. 6)

Für 1 Auflaufform (ca. 20 x 30 cm)
🕐 1 Std. 10 Min. Zubereitung (+ Sugo)
20 Min. Backen
Bei 4 Portionen pro Portion ca. 805 kcal,
28 g EW, 45 g F, 70 g KH

1 Den Tomatensugo, wie auf Seite 8 beschrieben, zubereiten. Für die Béchamelsauce das Mehl durchsieben. Die Butter in einem kleinen Topf zerlassen, das Mehl darin kurz anschwitzen (Bild 1). Die Milch nach und nach unter Rühren dazugeben. Die Sauce aufkochen und offen bei kleiner Hitze 3–4 Min. köcheln lassen, dabei immer wieder umrühren. Die Sauce mit Salz, Pfeffer und Muskat würzen, dann vom Herd nehmen.

2 Die Aubergine waschen, putzen und längs in feine Scheiben schneiden (Bild 2). 3 EL Öl in einer großen beschichteten Pfanne erhitzen, die Hälfte der Auberginenscheiben darin bei mittlerer Hitze auf beiden Seiten in 5–6 Min. braun braten. Die übrigen Auberginenscheiben mit dem restlichen Öl genauso braten. Die Auberginenscheiben herausnehmen, auf Küchenpapier abtropfen lassen und leicht mit Salz würzen.

3 Den Backofen auf 200° vorheizen. Ein Viertel des Tomatensugos in die Form geben. Ein Drittel der Lasagneblätter hineinlegen. Ein weiteres Viertel Tomatensugo, die Hälfte der Auberginenscheiben, ein Drittel der Béchamelsauce und 1 Handvoll Basilikum auf den Nudeln verteilen. Den Mozzarella grob würfeln, ein Viertel davon und 2 EL Pecorino auf den Nudeln verteilen.

4 Das zweite Drittel der Nudelblätter darauflegen. Wieder ein Viertel Tomatensugo, ein Drittel Béchamelsauce, die restlichen Auberginenscheiben daraufgeben. Die übrigen Basilikumblättchen, ein Viertel der Mozzarellawürfelchen und 2 EL Pecorino auf die Auberginen streuen.

5 Die restlichen Nudelblätter darauflegen, mit der restlichen Tomaten- und Béchamelsauce gleichmäßig bestreichen und zum Abschluss die Sauce mit dem übrigen Käse bestreuen.

6 Die Form mit Alufolie abdecken. Die Lasagne im Backofen (Mitte, Umluft 180°) ca. 20 Min. backen. Die Folie entfernen und die Lasagne in ca. 20 Min. fertig backen. Die Lasagne aus dem Ofen nehmen und gleich servieren.

ganz einfach | preiswert

Spaghetti mit Lauch-Carbonara

Mit würzig gebratenen Lauchstreifen statt mit Schinken – hier zeigt sich der Italo-Klassiker mal von seiner feinen vegetarischen Seite.

3 Knoblauchzehen | 2 Stangen Lauch (ca. 500 g) | 2 EL Butter | 2 EL Olivenöl | 500 g Spaghetti | Salz | 300 g Sahne | 4 Eier (M) | 8 EL frisch geriebener Pecorino (S. 6) | Pfeffer | frisch geriebene Muskatnuss

Für 4 Personen | ⏱ 40 Min. Zubereitung
Pro Portion ca. 910 kcal, 28 g EW, 44 g F, 100 g KH

1 Den Knoblauch schälen und fein hacken. Den Lauch putzen, längs halbieren, gründlich waschen und die Hälften in feine Streifen schneiden.

2 Die Butter und das Olivenöl in einer großen beschichteten Pfanne erhitzen. Anschließend Knoblauch und Lauch darin unter Rühren bei mittlerer Hitze in 6–8 Min. hellbraun braten.

3 Inzwischen die Spaghetti in kochendem Salzwasser nach Packungsangabe garen. Die Sahne und Eier in einer Schüssel mit dem Schneebesen verrühren. 4 EL Pecorino unterrühren. Die Mischung mit Salz, Pfeffer und Muskat kräftig würzen.

4 Die Spaghetti in ein Sieb abgießen, abtropfen lassen und mit dem Sahne-Käse-Mix zum Lauch in die Pfanne geben. Alles vermischen und bei kleiner Hitze in 3–4 Min. stocken lassen, dabei mehrmals umrühren (die Ei-Mischung sollte cremig, aber nicht mehr flüssig sein). Die Spaghetti mit Salz und Pfeffer abschmecken, auf Tellern anrichten und mit dem restlichen Pecorino bestreut servieren.

mit edlem Safran

Pasta mit Zucchinisauce

200 g Frühlingszwiebeln | 400 g Zucchini |
500–600 ml Gemüsebrühe | 2 Döschen gemahlener Safran (à 0,1 g) | 3 EL Olivenöl | 4 EL gehackte
Petersilie | 4 EL gehackte Basilikumblättchen |
1–2 EL frisch gepresster Zitronensaft | Salz |
Pfeffer | 400 g frische Tagliatelle (Kühlregal) |
4 EL geriebener Pecorino (S. 6)

Für 4 Personen | ⏱ 30 Min. Zubereitung
Pro Portion ca. 490 kcal, 16 g EW, 11 g F, 79 g KH

1 Frühlingszwiebeln putzen, waschen und in feine
Ringe schneiden. Zucchini waschen, putzen, längs
vierteln und in Scheibchen schneiden. Brühe erhitzen, Safran unterrühren. Öl erhitzen, Gemüse darin
3–4 Min. dünsten. Brühe angießen, Kräuter untermischen. Mit Zitronensaft, Salz und Pfeffer würzen.
Die Sauce 6–8 Min. köcheln lassen. Nudeln nach
Packungsangabe garen, abtropfen lassen. Ein Drittel
der Sauce pürieren, wieder in den Topf geben. Tagliatelle untermischen. Mit Käse bestreut servieren.

mit raffiniertem Würzöl

Zitronen-Tagliolini

2 große Bio-Zitronen | 3 Knoblauchzehen |
2 Bund glatte Petersilie | 400 g frische Tagliolini
(aus dem Kühlregal) | 8 EL Olivenöl | Salz | Pfeffer | 4 EL frisch gehobelter Pecorino (S. 6)

Für 4 Personen | ⏱ 25 Min. Zubereitung
Pro Portion ca. 580 kcal, 14 g EW, 23 g F, 78 g KH

1 Zitronen heiß waschen und abtrocknen, die
Schale abreiben. Abgeriebene Zitronen so schälen,
dass die weiße Haut mit entfernt wird. Mit einem
scharfen Messer die Fruchtfilets aus den Trennhäutchen schneiden, dabei 3–4 EL Saft auffangen.

2 Knoblauch schälen, fein hacken. Petersilie
waschen, trocken schütteln und fein hacken. Tagliolini nach Packungsangabe garen, dann abtropfen
lassen. Öl in einer beschichteten Pfanne erhitzen.
Zitronenschale, Knoblauch und Petersilie darin
unter Rühren bei kleiner Hitze 3–4 Min. andünsten.
Nudeln, Zitronenfilets und -saft untermischen, salzen und pfeffern. Mit Käse bestreuen.

alla siciliana

Pasta mit Mandelpesto

3 Knoblauchzehen | 500 g Tomaten
100 g gemahlene Mandeln
je 4 EL grob gehackte Basilikum- und
Petersilienblättchen
1–2 kleine, getrocknete Chilischoten
200 ml Olivenöl | Salz | Cayennepfeffer
1 Aubergine (ca. 300 g)
500 g Spaghettini
4 EL frisch gehobelter Pecorino (S. 6)

Für 4 Personen | ⏲ 30 Min. Zubereitung
Pro Portion ca. 1110 kcal, 24 g EW, 67 g F,
102 g KH

1 Knoblauch schälen und grob hacken. Tomaten
mit einem Sparschäler dünn schälen, die Stielansätze entfernen. Die Tomaten vierteln und grob
würfeln. Beides mit Mandeln, Basilikum, Petersilie,
Chilis und 100 ml Öl fein pürieren. Mit Salz und
Cayennepfeffer würzen.

2 Die Aubergine waschen, putzen, vierteln. Von
den Vierteln längs einen ca. 1 cm breiten Streifen
schwammiges Fruchtfleisch wegschneiden. Die Viertel klein würfeln. Übriges Öl in einer Pfanne erhitzen, die Aubergine darin unter Rühren bei mittlerer
Hitze in 6–8 Min. knusprig braten, dann herausnehmen und auf Küchenpapier abtropfen lassen.

3 Spaghettini in kochendem Salzwasser nach
Packungsangabe garen. Dann abgießen und
abtropfen lassen, dabei 50 ml Kochwasser auffangen. Mit Pesto verrühren, die Mischung bei kleiner
Hitze in 1–2 Min. erwärmen. Spaghettini untermischen, mit Auberginen und Käse anrichten.

klassisch gut

Pasta alla genovese

1 Rezept Pesto (S. 9)
300 g festkochende Kartoffeln
300 g grüne Stangenbohnen | Salz
500 g frische Trofie (kleine, gedrehte Nudeln aus
Genua, aus dem Kühlregal, oder andere Pasta)
4 EL frisch gehobelter Pecorino (S. 6)
1 Handvoll Basilikumblättchen

Für 4 Personen | ⏲ 25 Min. Zubereitung (+ Pesto)
Pro Portion ca. 890 kcal, 22 g EW, 40 g F, 109 g KH

1 Das Pesto, wie auf Seite 9 beschrieben, zubereiten. Die Kartoffeln schälen, waschen und ca. 1 cm
groß würfeln. Die Bohnen putzen, waschen und
schräg in ca. 2 cm große Stücke schneiden. Wasser
in einem Topf aufkochen und salzen. Kartoffeln und
Bohnen zugeben und zugedeckt bei mittlerer Hitze
in 6–8 Min. garen. Dann in ein Sieb abgießen, kalt
abspülen und abtropfen lassen.

2 Die Nudeln in kochendem Salzwasser nach
Packungsangabe garen. Dann abgießen und abtropfen lassen, dabei 50 ml Kochwasser auffangen.

3 Das Kochwasser mit Pesto verrühren, die
Mischung bei kleiner Hitze erwärmen. Nudeln, Kartoffeln und Bohnen untermischen. Pasta mit Salz
würzen und auf Teller verteilen, mit Pecorino und
Basilikum bestreut servieren.

oben: Pasta alla genovese | unten: Pasta mit Mandelpesto

mal was anderes | gelingt leicht

Tortellini mit Gemüse-Bolognese

Ein köstlicher Sugo mit knackig-frischen Gemüsestückchen – am besten gleich die doppelte Menge kochen und die Hälfte einfrieren.

2 Knoblauchzehen
1 kleine, getrocknete Chilischote
je 150 g Möhren, Zwiebeln, Staudensellerie, Lauch und rote Paprikaschoten
2 EL Olivenöl
1 große Dose Tomaten (480 g Abtropfgewicht)
50 ml Rotwein
150 ml Milch
150 ml Gemüsebrühe
1 EL Tomatenmark
1 EL getrockneter Thymian
1 Lorbeerblatt
Salz | Pfeffer
frisch geriebene Muskatnuss
500 g frische Käse-Tortellini (aus dem Kühlregal)
4 EL frisch geriebener Pecorino (S. 6)

Für 4 Personen | ⊕ 50 Min. Zubereitung
Pro Portion ca. 400 kcal, 17 g EW, 13 g F, 49 g KH

1 Den Knoblauch schälen und fein hacken. Die Chilischote fein zerbröseln. Möhren und Zwiebeln schälen und fein würfeln. Staudensellerie und Lauch putzen, waschen, längs vierteln und in feine Streifen schneiden. Die Paprikaschoten vierteln, putzen, waschen und ebenfalls klein würfeln.

2 Das Öl in einem Topf erhitzen, Knoblauch, Chili und Gemüsewürfel darin bei mittlerer Hitze unter Rühren 3–4 Min. andünsten. Tomaten, Wein, Milch, Brühe und Tomatenmark untermischen, die Tomaten mit einer Gabel leicht zerdrücken. Das Gemüse mit Thymian, Lorbeerblatt, Salz, Pfeffer und Muskat würzen und zugedeckt bei kleiner Hitze 15–20 Min. köcheln lassen, dabei mehrmals umrühren.

3 Die Tortellini in kochendem Salzwasser nach Packungsangabe garen, dann in ein Sieb abgießen und abtropfen lassen. 2 EL Pecorino unter die Sauce rühren. Die Sauce mit Salz, Pfeffer und Muskat würzen. Die Tortellini mit der Gemüse-Bolognese und dem restlichen Käse bestreut servieren.

VARIANTE MIT ROTEN LINSEN

Für 4 Personen: Je 100 g Staudensellerie, Frühlingszwiebeln und Möhren putzen, waschen beziehungsweise schälen und fein würfeln. 1 Knoblauchzehe schälen und fein hacken. 2 EL Olivenöl in einem Topf erhitzen, Gemüse und Knoblauch darin unter Rühren bei mittlerer Hitze 3–4 Min. andünsten. 200 g rote Linsen und 1 große Dose Tomaten (480 g Abtropfgewicht) zugeben, die Tomaten mit einer Gabel leicht zerdrücken. 500 ml Gemüsebrühe und 150 ml Weißwein (oder 650 ml Gemüsebrühe), 1 Lorbeerblatt und 3 EL fein gehackte Petersilie untermischen. Das Gemüse zugedeckt bei kleiner Hitze in 15–20 Min. garen, dabei mehrmals umrühren. Den Sugo mit Salz und Cayennepfeffer würzen. Die Tortellini oder nach Belieben andere Nudeln nach Packungsangabe garen, abgießen und abtropfen lassen. Mit Sugo und fein gehackter Petersilie bestreut servieren.

Risotto & Co.

Lauter leckere Lieblingsrezepte – von cremigen Risotti bis zu haus-
gemachten Gnocchi aus gekochten Kartoffeln, frischem Gemüse oder
auch Polenta – alle Rezepte echte Italiener mit langer Gourmet-Tradition.
Meinen Gästen serviere ich am liebsten dieses zitronig-frische Artischockenrisotto. Es macht sie nicht nur satt, sondern auch glücklich!

Artischockenrisotto

250 g weiße Gemüsezwiebeln
2 Knoblauchzehen
300 g in Öl eingelegte Artischockenherzen
(aus dem Glas)
2 EL Butter | 1 EL Olivenöl
400 g Risotto-Reis (S. 59)
1 EL fein abgeriebene Schale von 1 Bio-Zitrone
je 4 EL fein gehackte Basilikum- und Petersilienblättchen
1 ½ l Gemüsebrühe
1–2 EL frisch gepresster Zitronensaft
2 EL fein gehackte Minzeblättchen
4 EL frisch geriebener Pecorino (S. 6)
Salz | Pfeffer

Für 4 Personen | ⓘ 45 Min. Zubereitung
Pro Portion ca. 500 kcal, 11 g EW, 9 g F, 90 g KH

1 Zwiebeln und Knoblauch schälen und fein hacken. Artischockenherzen abtropfen lassen, dann längs in feine Scheiben schneiden. Butter und Öl in einem Topf erhitzen, Zwiebeln und Knoblauch darin unter Rühren bei mittlerer Hitze 3–4 Min. andünsten.

2 Den Reis zugeben und unter Rühren 2–3 Min. mitdünsten. Die Artischocken, Zitronenschale und je 3 EL Basilikum und Petersilie unter den Reis mischen. Nach und nach jeweils ca. 150 ml Brühe angießen und bei kleiner Hitze unter Rühren vom Reis aufsaugen lassen. So fortfahren, bis die ganze Flüssigkeit verbraucht ist (das dauert ca. 20 Min.).

3 Zitronensaft, Minzeblättchen und Pecorino untermischen. Den Risotto mit Salz und Pfeffer würzen, vom Herd nehmen und zugedeckt 2–3 Min. ziehen lassen. Risotto anrichten und mit den übrigen Kräutern bestreut servieren.

schön würzig

Risotto verde

Ein echter Frühlingsreis »a la primavera« – mit zartem Gemüse und einem raffinierten und zitronigen Rucolapüree.

150 g Rucola
4 EL Olivenöl
3 EL frisch gepresster Zitronensaft
1 EL fein abgeriebene Schale von 1 Bio-Zitrone
Salz
2 Knoblauchzehen
4 Frühlingszwiebeln
100 g Staudensellerie
2 EL Butter
400 g Risotto-Reis (S. 59)
200 ml trockener Weißwein (oder Gemüsebrühe)
1,2–1,4 l Gemüsebrühe
4 EL frisch geriebener Pecorino (S. 6)
Pfeffer
2 EL Zitronenschalen-Zesten von 1 Bio-Zitrone
(nach Belieben)

Für 4 Personen | ⊚ 45 Min. Zubereitung
Pro Portion ca. 560 kcal, 10 g EW, 17 g F, 82 g KH

1 Den Rucola putzen, verlesen, waschen und trocken schleudern. Rucola mit 3 EL Öl, 2 EL Zitronensaft und abgeriebener Zitronenschale im Mixer fein pürieren und mit Salz würzen.

2 Den Knoblauch schälen und fein hacken. Die Frühlingszwiebeln putzen, waschen und in feine Ringe schneiden. Staudensellerie putzen, waschen und in feine Scheibchen schneiden. 1 EL Öl und die Butter in einem Topf erhitzen, Knoblauch, Frühlingszwiebeln und Staudensellerie darin bei mittlerer Hitze unter Rühren 3–4 Min. andünsten.

3 Den Reis zugeben und unter Rühren 1–2 Min. mitdünsten. Das Rucolapüree und den Wein zufügen und bei mittlerer Hitze unter Rühren garen, bis die Flüssigkeit vom Reis aufgesogen ist. Die Brühe nach und nach in 4–5 Portionen angießen und bei kleiner Hitze unter Rühren vom Reis aufsaugen lassen. So fortfahren, bis die ganze Flüssigkeit verbraucht und der Reis gar, aber noch bissfest ist.

4 Restlichen Zitronensaft und Käse untermischen. Den Risotto mit Salz und Pfeffer abschmecken und zugedeckt 2–3 Min. ziehen lassen. Nach Belieben mit Zitronenschalen-Zesten anrichten.

VARIANTE MIT RADICCHIO
2 längliche Stauden Radicchio (à ca. 150 g, »Treviso«) längs halbieren, waschen und trocken tupfen. 1 Knoblauchzehe schälen. 2 EL Olivenöl und Knoblauch in einer beschichteten Pfanne erhitzen, Radicchiohälften darin bei mittlerer Hitze 5–6 Min. braten, dabei 1- bis 2-mal wenden. Radicchio salzen und pfeffern und zum Risotto verde servieren.

VARIANTE MIT ORANGENSPARGEL
400 g grünen Spargel waschen, putzen, im unteren Drittel schälen und trocken tupfen. 4 EL Butter mit 4 EL Zucker in einer beschichteten Pfanne schmelzen lassen, Spargelstangen darin kurz wenden. Je 200 ml frisch gepressten Orangensaft und Gemüsebrühe angießen, mit Salz würzen. Den Spargel zugedeckt bei mittlerer Hitze in 8–10 Min. garen, dabei 2- bis 3-mal wenden. Mit dem Risotto verde servieren.

Klassiker | gelingt leicht

Kartoffel-Gnocchi mit Gorgonzolasauce

Die kleinen italienischen »Knödel« sind ideale Begleiter für alle Saucen – zum Beispiel für eine sahnig-würzige Käsesauce wie diese.

600 g mehligkochende Kartoffeln | Salz
2 Eier (M)
Pfeffer aus der Mühle
frisch geriebene Muskatnuss
400 g Weizenmehl (Type 405)
300 g Mascarpone-Gorgonzola-Torte (S. 6)
2 EL Butter
100 g Sahne
100 ml Gemüsebrühe
Mehl zum Arbeiten

Für 4 Personen | ⊙ 1 Std. Zubereitung
Pro Portion ca. 850 kcal, 32 g EW, 40 g F, 92 g KH

1 Die Kartoffeln waschen und in leicht gesalzenem Wasser bei mittlerer Hitze in ca. 20 Min. garen, dann abgießen und etwas abkühlen lassen. Die Kartoffeln pellen und noch warm durch die Kartoffelpresse in eine Schüssel drücken. Die Eier untermischen. Die Gnocchimasse mit Salz, Pfeffer und Muskat würzen. Das Mehl zugeben und mit den Händen unterkneten, bis ein glatter Teig entsteht, der nicht mehr an den Händen klebt.

2 Reichlich Wasser in einem Topf erhitzen und salzen. Aus dem Kartoffelteig mit leicht bemehlten Händen haselnussgroße Bällchen formen. Die Gnocchi in den Topf geben und offen bei kleiner Hitze in 6–8 Min. gar ziehen lassen, bis die Gnocchi an der Oberfläche schwimmen. Mit einer Schaumkelle herausnehmen und abtropfen lassen.

3 Den Käse grob würfeln. Die Butter in einem Topf zerlassen, den Gorgonzola darin bei kleiner Hitze unter Rühren schmelzen lassen. Sahne und Brühe angießen und alles gut verrühren. Die Sauce mit Salz, Pfeffer und Muskat würzen und offen bei kleiner Hitze unter Rühren 4–5 Min. köcheln lassen.

4 Die Gnocchi mit der Sauce vermischen, auf Teller verteilen und nach Belieben mit grob gemahlenem Pfeffer bestreut servieren.

GNOCCHI-VARIANTE MIT KÜRBIS
Für 4 Personen: 500 g Bio-Hokkaido-Kürbis waschen, entkernen und samt Schale fein würfeln. 400 ml Gemüsebrühe aufkochen, den Kürbis darin in 10–12 Min. garen. Den Kürbis fein pürieren und etwas abkühlen lassen. Das Kürbispüree mit 2 Eigelben und 4 EL frisch geriebenem Pecorino (S. 6) vermischen, mit Salz und frisch geriebener Muskatnuss würzen. 500 g Weizenmehl (Type 405) mit 1 TL Backpulver vermischen und mit dem Kürbis-Ei-Mix verkneten, bis ein glatter Teig entsteht, der nicht mehr an den Händen klebt. Aus dem Teig, wie oben beschrieben, Gnocchi formen und garen.

GNOCCHI-VARIANTE MIT TOMATENSUGO
Statt Gorgonzolasauce einen Tomatensugo (S. 8) zubereiten und mit Gnocchi in eine ofenfeste Form (ca. 20 x 30 cm) geben. Mit je 4 EL Basilikumblättchen und geriebenem Pecorino bestreuen und mit 200 g Mozzarella in Scheiben belegen. Im vorgeheizten Backofen (Mitte) bei 200° (Umluft 180°) 6–8 Min. überbacken.

leicht und wärmend

Kartoffelauflauf mit Mangold

Samtiges Püree mit würzigem Käse – und in der Mitte eine Schicht raffiniertes Mangold-Zwiebel-Gemüse mit feinem Balsamico-Aroma.

1 kg mehligkochende Kartoffeln
Salz
3 Eigelb
2 Eier (M)
100 g fein geriebener Pecorino (S. 6)
Pfeffer
frisch geriebene Muskatnuss
1 kg Mangold
2 rote Zwiebeln (ca. 300 g)
2 Knoblauchzehen
2 EL Olivenöl
1 EL Aceto balsamico
1 EL Balsamico Creme (S. 58)
2 EL Butter

Für 1 Auflaufform (ca. 20 x 30 cm)
⊚ 40 Min. Zubereitung | 22 Min. Backen
Bei 4 Portionen pro Portion ca. 460 kcal,
20 g EW, 26 g F, 37 g KH

1 Die Kartoffeln schälen, waschen, grob würfeln und in einem Topf mit kaltem Salzwasser aufkochen und bei mittlerer Hitze in ca. 20 Min. garen.

2 Kartoffeln in ein Sieb abgießen, dann in einer Schüssel mit dem Kartoffelstampfer fein zermusen. Mit den Eigelben, Eiern und 80 g Pecorino gründlich mischen. Die Kartoffelmischung mit Salz, Pfeffer und Muskat würzen.

3 Den Backofen auf 200° vorheizen. Den Mangold putzen und waschen, die Stiele in Scheibchen und die Blätter in feine Streifen schneiden. Reichlich Wasser in einem großen Topf aufkochen und salzen. Zuerst die Stiele darin bei mittlerer Hitze in ca. 5 Min. garen, dann die Blätter dazugeben und 3–4 Min. weitergaren. Den Mangold in ein Sieb abgießen, kalt abspülen und abtropfen lassen.

4 Die Zwiebeln schälen, halbieren und in feine Spalten schneiden. Den Knoblauch schälen und fein hacken. Das Öl in einer großen Pfanne erhitzen, Zwiebeln und Knoblauch darin bei mittlerer Hitze unter Rühren 2–3 Min. andünsten, den Mangold unterrühren. Alles mit Essig, Balsamico Creme, Salz und Pfeffer würzen und die Gemüsemischung 3–4 Min. weiterdünsten.

5 Die Form mit 1 EL Butter einfetten. Die Hälfte des Kartoffelpürees einfüllen und glatt streichen. Den Mangold darauf verteilen, mit dem übrigen Pecorino bestreuen. Das restliche Kartoffelpüree auf das Gemüse geben und glatt streichen. Die übrige Butter in kleinen Flöckchen darauf verteilen.

6 Den Auflauf mit Alufolie abdecken und im Backofen (Mitte, Umluft 180°) ca. 10 Min. backen. Die Folie entfernen und den Auflauf in weiteren 10–12 Min. fertig backen.

aus Südtirol

Spinat-Gnocchi mit Salbeibutter

Mit saftigem Frischkäse und schön kräuter-würzig! Die feinen Gemüsenocken sind ganz einfach in der Zubereitung und umwerfend gut im Geschmack.

300 g Blattspinat
Salz
100 g Ricotta (S. 6 und 59)
Pfeffer
frisch geriebene Muskatnuss
2 Eigelb
4 EL frisch geriebener Pecorino (S. 6)
140 g Weizenmehl (Type 405)
2 Knoblauchzehen
200 g Butter
ca. 20 g Salbeiblätter

Für 4 Personen | ⊚ 40 Min. Zubereitung
Pro Portion ca. 605 kcal, 11 g EW, 51 g F, 26 g KH

1 Den Spinat putzen, verlesen, gründlich waschen und abtropfen lassen. Reichlich Wasser in einem Topf aufkochen und salzen. Den Spinat darin in 1–2 Min. garen. Den Spinat in ein Sieb abgießen, kalt abspülen und abtropfen lassen.

2 Den Spinat gut ausdrücken und mittelfein hacken. In einer Schüssel mit dem Ricotta gut vermischen. Die Spinat-Ricotta-Mischung kräftig mit Salz, Pfeffer und Muskat würzen. Die Eigelbe und den Pecorino unter die Gnocchi-Masse rühren. Das Mehl dazugeben und alles gründlich verkneten, bis ein weicher Teig entsteht.

3 Reichlich Wasser in einem Topf aufkochen und salzen. Von dem Teig mit einem Löffel Nocken abstechen und mit leicht angefeuchteten Händen zu walnussgroßen und ovalen Gnocchi formen. Die Gnocchi in den Topf geben und offen bei kleiner Hitze in 6–8 Min. garen, bis sie an der Oberfläche schwimmen. Die Gnocchi mit eine Schaumkelle herausnehmen und abtropfen lassen.

4 Den Knoblauch schälen und hacken. Die Butter in einer Pfanne zerlassen, Knoblauch und Salbei darin 1–2 Min. anschwitzen. Die Gnocchi dazugeben und bei kleiner Hitze unter Rühren 3–4 Min. braten, bis die Salbeiblättchen und Butter leicht braun sind. Auf Teller verteilen und sofort servieren.

SERVIER-TIPPS

Frisch gehobelten Pecorino (S. 6) zum Bestreuen extra dazu servieren. Oder die Spinat-Gnocchi zur Abwechslung mal als Suppeneinlage in der Kürbissuppe von Seite 23 servieren.

mit würzigem Bohnensugo

Polenta-Gnocchi

Hier wird der feine, sonnengelbe Maisgrieß noch mit Butter und Käse verfeinert und mit frisch geriebener Muskatnuss gewürzt.

200 g Borlotti-Bohnen | 300 ml Milch
750 ml Gemüsebrühe
250 g Instant-Polenta | 4 EL Butter
3 EL frisch geriebener Pecorino (S. 6) | Salz
frisch geriebene Muskatnuss
1 Zwiebel (ca. 200 g) | 2 Knoblauchzehen
je 100 g Lauch und Staudensellerie
3 EL Olivenöl
1 große Dose Tomaten (480 g Abtropfgewicht)
1 Lorbeerblatt
4 EL gehackte Basilikumblättchen
Cayennepfeffer
4 EL gehobelter Pecorino (S. 6)

Für 4 Personen | ⊚ 45 Min. Zubereitung
Einweichen über Nacht | 1–2 Std. Garen
Pro Portion ca. 650 kcal, 27 g EW, 24 g F, 81 g KH

1 Bohnen über Nacht in reichlich kaltem Wasser einweichen. Am nächsten Tag die Bohnen in ein Sieb abgießen (Bild 1), kalt abspülen und in einem Topf mit reichlich frischem Wasser aufkochen. Dann zugedeckt bei mittlerer Hitze in 1–2 Std. garen. Bohnen abgießen und abtropfen lassen.

2 Milch und 350 ml Brühe in einem Topf aufkochen, Polenta dazugeben und unter Rühren bei kleiner Hitze in 1–2 Min. garen. 2 EL Butter und geriebenen Pecorino unterrühren. Polenta mit Salz und Muskat würzen, vom Herd nehmen und zugedeckt mindestens 5 Min. ziehen lassen.

3 Zwiebel schälen, halbieren und in feine Spalten schneiden. Knoblauch schälen und fein hacken. Lauch und Staudensellerie putzen, waschen und in feine Streifen beziehungsweise Scheibchen schneiden. 2 EL Öl in einem Topf erhitzen, Zwiebel, Knoblauch, Lauch und Staudensellerie darin bei mittlerer Hitze unter Rühren 3–4 Min. andünsten.

4 Die Tomaten dazugeben und mit einer Gabel leicht zerdrücken. Bohnen, 400 ml Brühe, Lorbeerblatt und Basilikum untermischen. Alles mit Salz und Cayennepfeffer würzen und zugedeckt bei mittlerer Hitze 10–12 Min. köcheln lassen.

5 Polentamasse mit zwei Teelöffeln zu Nocken formen (Bild 2). 1 EL Öl und übrige Butter erhitzen, die Nocken darin bei kleiner Hitze 3–4 Min. braten. Gnocchi mit Sauce und übrigem Pecorino servieren.

GNOCCHI-VARIANTE MIT PEPERONATA
Für 4 Personen: Je 2 gelbe und rote Paprikaschoten vierteln, putzen, waschen und in Stücke schneiden. 2 Knoblauchzehen schälen und hacken. 300 g Gemüsezwiebeln schälen, in feine Spalten schneiden. 3 EL Olivenöl erhitzen, Knoblauch, Zwiebeln und Paprikastücke darin unter Rühren 5–6 Min. andünsten. 800 g Kirschtomaten waschen und halbieren. Mit 200 ml Gemüsebrühe und 1–2 EL Aceto balsamico zugeben. Alles salzen, pfeffern und zugedeckt bei mittlerer Hitze 6–8 Min. weitergaren, dabei mehrmals umrühren. Gnocchi mit Peperonata anrichten, mit Mozzarellawürfeln und Basilikumblättchen bestreut servieren.

Aceto balsamico

Dunkler, süßlicher Essig aus der Gegend von Modena – nicht nur für Salate, sondern auch zum Würzen von Suppen und Saucen bestens geeignet. Es gibt ihn in unterschiedlichen Reifegraden und Güteklassen. Gourmet-Balsamessig, also ein »Aceto Balsamico Tradizionale di Modena/Reggio Emilia«, ist sehr teuer und wird wie guter Wein gehandelt. Und da er so wertvoll ist, genügen einige Tropfen, um einem Gericht eine besondere Note zu geben. Für die Veggie-Alltagsküche reicht auch ein normaler italienischer »Aceto Balsamico di Modena« aus dem Supermarkt. Die dicklich eingekochte **Crema di Balsamico«** gibt es in kleinen Fläschchen zu kaufen. Sie ist noch etwas süßlicher und ist perfekt zum Abschmecken von Suppen und Saucen, aber auch zum Dekorieren und Verzieren.

Artischocken

Das feinherbe Distelgemüse kommt in Italien nahezu täglich auf den Tisch. Im Frühling gibt es kleine junge Artischocken, die man kaum putzen muss und roh als Salat essen kann. Meistens werden sie in Scheibchen geschnitten, gebraten und als Gemüse serviert oder in Saucen und im Risotto mitgegart. Frisch schmecken sie am allerbesten. Große Exemplare liefern den Artischockenboden. Im Winter oder wenn die Zeit mal knapp ist, kann man eingelegte Artischockenböden oder -herzen aus dem Glas nehmen. Sie lassen sich vielseitig verwenden: als Vorspeise, Pizzabelag oder im Risotto.

Bohnen

Weiße Bohnen, Kidneybohnen, rotweiß geprenkelte Borlotti-Bohnen oder die kleinen weißen Cannellini-Bohnen sind fester Bestandteil der italienischen Küche und werden für Suppen, Eintöpfe oder Salate verwendet. Die verschiedenen Sorten gibt es getrocknet und in Dosen. Die getrockneten Hülsenfrüchte werden je nach Alter und Größe mindestens 12 Stunden eingeweicht und 1–2 Stunden gegart.

Getreide und Hülsenfrüchte

Dinkelkörner, Linsen und Kichererbsen müssen ebenfalls mindestens 8 Stunden in reichlich Wasser eingeweicht werden (nur rote Linsen kann man ohne Einweichen kochen). Am nächsten Tag die Getreidekörner oder Hülsenfrüchte

in ein Sieb abgießen, kalt abspülen und abtropfen lassen. Dann in einen Topf geben, mit frischem Wasser bedecken, aufkochen und zugedeckt zwischen 30 Minuten und 2 Stunden köcheln lassen. Das frische Kochwasser ist dabei sehr wichtig – so werden Getreide und Hülsenfrüchte bekömmlicher. Und Salz kommt erst gegen Ende der Garzeit dazu.

Kapern

Die Blüten des mediterranen Kapernstrauches gibt es von ganz klein (Nonpareilles – das sind die feinsten!) über mittelgroß bis groß – meistens im Glas und eingelegt in Meersalz oder einer Essigmarinade. Sie geben Saucen und Salaten ein fein-säuerliches Aroma. In kleinen Mengen schmecken sie auch auf der Pizza sehr gut. Die Früchte des Kapernstrauches – sie heißen **Kapernäpfel** – werden mit Stiel und ebenfalls würzig mariniert im Glas angeboten. Auch hier sind die kleinen die besten. Kapernäpfel sind fleischiger als Kapern, schmecken feinherb, sind ideal für Salate, Pizzen oder Vorspeisenteller.

Kürbis

»Zucca« heißen die italienischen Kürbisse, die man im Spätsommer leuchtend gelb auf den Feldern liegen sieht. Aus dem Fruchtfleisch macht man feine Gemüsegerichte, samtige Suppen und köstliche Nudelfüllungen. Die Blüten werden raffiniert gefüllt, knusprig frittiert und als Beilage oder Vorspeise serviert. Wer möchte, verwendet Bio-Hokkaido-Kürbisse.

Oliven

Ob grün oder schwarz, groß oder klein, mit oder ohne Stein, natur oder gefüllt, in Marinade oder in Olivenöl eingelegt: Ohne die festfleischigen und würzigen Früchte des Olivenbaums kann man sich italienisches Essen nicht vorstellen. Oliven werden ab Anfang Dezember von Ligurien bis Sizilien geerntet und zu Olivenöl (S. 6) verarbeitet. Oder erst einmal einige Wochen gewässert, um sie anschließend in würziger Marinade oder feinem Olivenöl einzulegen.

Pecorino

Ein Schafskäse, der in verschiedenen Regionen Italiens hergestellt wird und immer ein bisschen anders schmeckt. Den Käse gibt es von ganz frisch bis alt und ohne tierisches Lab. Der harte, ältere Pecorino eignet sich sehr gut zum Reiben.

Polenta

Der sonnengelbe Maisgrieß wird vor allem in Norditalien gegessen. Früher musste man ihn unter ständigem Rühren fast 1 Stunde lang köcheln lassen. Heute gibt es überall (auch im Bioladen) Instant-Polenta, die schnell zubereitet ist.

Ricotta

Feiner italienischer Frischkäse, der überwiegend aus Kuhkäsemolke hergestellt wird. Ricotta kann man für süße Cremes, als raffinierte Teigzugabe oder für feine pikante Füllungen verwenden.

Mascarpone

Der italienische Rahmfrischkäse schmeckt sehr mild und lässt sich vielseitig verwenden – für süße Cremes oder raffinierte Füllungen. Aber auch Suppen und Saucen lassen sich mit ein, zwei Löffeln Mascarpone zart-cremig verfeinern.

Mozzarella

Die schnittfesten, weißen Käsekugeln gibt es mit Lake in der Tüte, im Becher oder lose an der Käsetheke – am besten ganz »original« aus Büffelmilch. Mit Mozzarella kann man Lasagne oder Aufläufe überbacken. Oder ganz klassisch mit aromatischen Tomaten anrichten. Der milde Frischkäse ist auch ohne tierisches Lab erhältlich.

Risotto-Reis

Für einen guten Risotto sollten Sie zu italienischem Risotto-Reis greifen. Er ist je nach Geschmack in den Sorten Carnaroli, Vialone Nano (ideal für Gemüse-Risotto) und Arborio in italienischen Läden erhältlich.

Zucchini

Die heimlichen Stars der italienischen Gemüseküche kommen etwas unscheinbar daher, lassen sich aber vielseitig verwenden – roh im Salat, mariniert als Vorspeise, gekocht und püriert als Suppe oder Sauce, gebraten als Füllung. Man bekommt sie nicht nur in Grün, sondern auch in Gelb – und im Frühling als zarte, kleine Früchte mit großen Blüten.

Zum Gebrauch
Damit Sie Rezepte mit bestimmten Zutaten noch schneller finden können, stehen in diesem Register zusätzlich auch beliebte Zutaten wie **Mozzarella** oder **Oliven** – ebenfalls alphabetisch geordnet und **hervorgehoben** – über den entsprechenden Rezepten.

A

Aceto balsamico (Glossar) 58
Amarettini-Beeren 65
Artischocken (Glossar) 58
Artischockenherzen
  Artischockenrisotto 47
  Pizza mit Artischocken 30
  Pizzakuchen 32
Auberginen
  Balsamico-Aubergine 12
  Lasagne mit Auberginen 38
  Pasta mit Mandelpesto 42

B

Balsamico-Aubergine 12
Balsamico-Erdbeeren 64
Basilikum
  Artischockenrisotto 47
  Bohnensalat 16
  Brokkoli-Pizza 29
  Frittata »Quattro formaggi« 18
  Gefüllte Zucchiniblüten 11
  Kichererbsensalat 16
  Kräuter-Zucchini 19
  Lasagne mit Auberginen 38
  Orzo-Suppe mit Bohnen (Variante) 24
  Pasta alla genovese 42
  Pasta mit Mandelpesto 42
  Pasta mit Olivensauce 37
  Pasta mit Zucchinisauce 41
  Pesto (Grundrezept) 9
  Spaghettini mit Spargelsugo 36
  Süßsaure Möhren 19
  Tomaten-Basilikum-Pizza 29
Bohnen
  Bohnen (Glossar) 58
  Bohnensalat 16
  Orzo-Suppe mit Bohnen (Variante) 24
  Polenta-Gnocchi 56
Brokkoli-Pizza 29
Buchweizen-Pasta al forno (Variante) 34
Buchweizennudeln mit Käse 34

C

Chicorée: Insalata veronese 14
Chili-Zwiebeln 12
Chilischoten
  Balsamico-Aubergine 12
  Buchweizennudeln mit Käse 34
  Chili-Zwiebeln 12
  Kichererbsensuppe 23
  Pasta mit Mandelpesto 42
  Pasta mit Olivensauce 37
  Penne mit Tomaten 37
  Pizza mit Artischocken 30
  Pizza verdura 28
  Rohkost mit Olivenöl-Dip 14
  Warenkunde 6

D/E

Dinkel-Minestrone 24
Dosentomaten
  Kichererbsensuppe 23
  Pasta mit Olivensauce 37
  Polenta-Gnocchi 56
  Tortellini mit Gemüse-Bolognese 45
Eier
  Frittata »Quattro formaggi« 18
  Kartoffelauflauf mit Mangold 53
  Spaghetti mit Lauch-Carbonara 40

F

Fenchel
  Fenchelsuppe mit Paprikapesto 20
  Rohkost mit Olivenöl-Dip 14
Frittata »Quattro formaggi« 18

G

Gefüllte Zucchiniblüten 11
Getreide (Glossar) 58
Gorgonzola
  Kartoffel-Gnocchi mit Gorgonzola-sauce 50
  Pizza mit Zwiebeln 30

H/I

Hartweizennudeln (Warenkunde) 6
Hülsenfrüchte
  Bohnensalat 16
  Glossar 58
  Kichererbsensalat 16
  Kichererbsensuppe 23
  Orzo-Suppe mit Bohnen (Variante) 24
Insalata veronese 14

K

Kapern
  Glossar 58
  Pasta mit Olivensauce 37
Kapernäpfel
  Glossar 58
  Pizza mit Zwiebeln 30
Kartoffeln
  Buchweizen-Pasta al forno (Variante) 34
  Fenchelsuppe mit Paprikapesto 20
  Kartoffel-Gnocchi mit Gorgonzola-sauce 50
  Kartoffelauflauf mit Mangold 53
  Pasta alla genovese 42
Käse (Warenkunde) 6
Kichererbsen
  Kichererbsensalat 16
  Kichererbsensuppe 23
Knoblauch (Warenkunde) 6
Kräuter-Zucchini 19
Kräuter
  Artischockenrisotto 47
  Bohnensalat 16
  Fenchelsuppe mit Paprikapesto 20
  Frittata »Quattro formaggi« 18
  Kräuter-Zucchini 19
  Lasagne mit Auberginen 38
  Pasta mit Mandelpesto 42
  Pasta mit Olivensauce 37
  Pasta mit Zucchinisauce 41
  Pesto (Grundrezept) 9
  Pizza mit Zwiebeln 30
  Pizza pane 27
  Spaghettini mit Spargelsugo 36
  Süßsaure Möhren 19
  Warenkunde 6
  Zitronen-Tagliolini 41
Kürbis
  Glossar 00
  Kürbissuppe 23
  Pizza verdura 28

L/M

Lasagne mit Auberginen 38
Lauch
  Polenta-Gnocchi 56
  Spaghetti mit Lauch-Carbonara 40
Mandeln: Pasta mit Mandelpesto 42
Mangold: Kartoffelauflauf mit Mangold 53
Mascarpone
  Glossar 59

Mascarponecreme 65
Spaghettini mit Spargelsugo 36
Minze
Artischockenrisotto 47
Kräuter-Zucchini 19
Spaghettini mit Spargelsugo 36
Möhren
Dinkel-Minestrone 24
Orzo-Suppe mit Bohnen (Variante) 24
Rohkost mit Olivenöl-Dip 14
Süßsaure Möhren 19
Tortellini mit Gemüse-Bolognese 45
Mozzarella
Frittata »Quattro formaggi« 18
Gefüllte Zucchiniblüten 11
Glossar 59
Lasagne mit Auberginen 38

N/O

Napoli-Obstsalat 64
Oliven
Glossar 59
Pasta mit Olivensauce 37
Pizza mit Artischocken 30
Pizzakuchen 32
Olivenöl (Warenkunde) 6
Orangen-Granita 64
Orechiette: Pasta mit Olivensauce 37
Orzo-Suppe mit Bohnen (Variante) 24

P

Paprikaschoten
Bohnensalat 16
Fenchelsuppe mit Paprikapesto 20
Rohkost mit Olivenöl-Dip 14
Pasta alla genovese 42
Pasta mit Mandelpesto 42
Pasta mit Olivensauce 37
Pasta mit Zucchinisauce 41
Pecorino
Artischockenrisotto 47
Brokkoli-Pizza 29
Fenchelsuppe mit Paprikapesto 20
Frittata »Quattro formaggi« 18
Gefüllte Zucchiniblüten 11
Glossar 59
Kartoffelauflauf mit Mangold 53
Kichererbsensuppe 23
Lasagne mit Auberginen 38
Pasta alla genovese 42
Pasta mit Mandelpesto 42
Pasta mit Zucchinisauce 41
Penne mit Tomaten 37

Pizza mit Zwiebeln 30
Pizza verdura 28
Pizzakuchen 32
Polenta-Gnocchi 56
Risotto verde 48
Spaghetti mit Lauch-Carbonara 40
Spinat-Gnocchi mit Salbeibutter 54
Tomaten-Basilikum-Pizza 29
Tortellini mit Gemüse-Bolognese 45
Zitronen-Tagliolini 41
Penne mit Tomaten 37
Pesto
Grundrezept 9
Pasta alla genovese 42
Petersilie
Artischockenrisotto 47
Bohnensalat 16
Fenchelsuppe mit Paprikapesto 20
Pasta mit Mandelpesto 42
Pasta mit Zucchinisauce 41
Zitronen-Tagliolini 41
Pizza mit Artischocken 30
Pizza mit Zwiebeln 30
Pizza pane 27
Pizza verdura 28
Pizzakuchen 32
Polenta
Glossar 59
Polenta-Gnocchi 56
Provolone
Brokkoli-Pizza 29
Frittata »Quattro formaggi« 18
Pizza mit Artischocken 30
Pizzakuchen 32

R

Radicchio: Insalata Veronese 14
Ricotta
Glossar 59
Spinat-Gnocchi mit Salbeibutter 54
Risotto verde 48
Risotto-Reis (Glossar) 00
Rohkost mit Olivenöl-Dip 14
Rucola
Penne mit Tomaten 37
Risotto verde 48

S

Salbei: Spinat-Gnocchi mit Salbei-
butter 54
Spaghetti mit Lauch-Carbonara 40
Spaghettini mit Spargelsugo 36
Spargel: Spaghettini mit Spargelsugo 36

Spinat
Pizza verdura 28
Pizzakuchen 32
Spinat-Gnocchi mit Salbeibutter 54
Staudensellerie
Dinkel-Minestrone 24
Kürbissuppe 23
Orzo-Suppe mit Bohnen (Variante) 24
Pizzakuchen 32
Polenta-Gnocchi 56
Risotto verde 48
Rohkost mit Olivenöl-Dip 14
Tortellini mit Gemüse-Bolognese 45
Süßsaure Möhren 19

T/W

Tagliatelle: Pasta mit Zucchinisauce 41
Tagliolini: Zitronen-Tagliolini 41
Tomaten
Bohnensalat 16
Brokkoli-Pizza 29
Dinkel-Minestrone 24
Kichererbsensalat 16
Pasta mit Mandelpesto 42
Penne mit Tomaten 37
Tomaten-Basilikum-Pizza 29
Tomatensugo (Grundrezept) 8
Warenkunde 6
Tomatensugo
Brokkoli-Pizza 29
Chili-Zwiebeln 12
Grundrezept 8
Lasagne mit Auberginen 38
Tortellini mit Gemüse-Bolognese 45
Wirsing
Buchweizen-Pasta al forno (Variante) 34
Dinkel-Minestrone 24

Z

Zitronen-Tagliolini 41
Zucchini
Glossar 59
Kräuter-Zucchini 19
Pasta mit Zucchinisauce 41
Zucchiniblüten, Gefüllte 11
Zwiebeln
Artischockenrisotto 47
Buchweizen-Pasta al forno
(Variante) 34
Chili-Zwiebeln 12
Kartoffelauflauf mit Mangold 53
Pizza mit Zwiebeln 30
Tortellini mit Gemüse-Bolognese 45

Unsere Garantie

Alle Informationen in diesem Ratgeber sind sorgfältig und gewissenhaft geprüft. Sollte dennoch einmal ein Fehler enthalten sein, schicken Sie uns das Buch mit dem entsprechenden Hinweis an unseren Leserservice zurück. Wir tauschen Ihnen den GU-Ratgeber gegen einen anderen zum gleichen oder ähnlichen Thema um.

Liebe Leserin und lieber Leser,

wir freuen uns, dass Sie sich für ein GU-Buch entschieden haben. Mit Ihrem Kauf setzen Sie auf die Qualität, Kompetenz und Aktualität unserer Ratgeber. Dafür sagen wir Danke! Wir wollen als führender Ratgeberverlag noch besser werden. Daher ist uns Ihre Meinung wichtig. Bitte senden Sie uns Ihre Anregungen, Ihre Kritik oder Ihr Lob zu unseren Büchern. Haben Sie Fragen oder benötigen Sie weiteren Rat zum Thema? Wir freuen uns auf Ihre Nachricht!

Wir sind für Sie da!
Montag – Donnerstag: 8.00 – 18.00 Uhr;
Freitag: 8.00 – 16.00 Uhr
Tel.: 0180 - 5 00 50 54*
Fax: 0180 - 5 01 20 54*
E-Mail: leserservice@graefe-und-unzer.de

*(0,14 €/Min. aus dem dt. Festnetz/ Mobilfunkpreise maximal 0,42 €/Min.)

P.S.: Wollen Sie noch mehr Aktuelles von GU wissen, dann abonnieren Sie doch unseren kostenlosen GU-Online-Newsletter und/oder unsere kostenlosen Kundenmagazine.

GRÄFE UND UNZER VERLAG
Leserservice
Postfach 86 03 13
81630 München

© 2012
GRÄFE UND UNZER VERLAG GmbH, München

Alle Rechte vorbehalten. Nachdruck, auch auszugsweise, sowie die Verbreitung durch Film, Funk, Fernsehen und Internet, durch fotomechanische Wiedergabe, Tonträger und Datenverarbeitungssysteme jeglicher Art nur mit schriftlicher Genehmigung des Verlages.

Projektleitung: Stefanie Poziombka
Lektorat: Maryna Zimdars
Korrektorat: Mischa Gallé
Layout, Typografie und Umschlaggestaltung: independent Medien-Design, Horst Moser, München
Satz: Liebl Satz+Grafik, Emmering
Herstellung: Anna Bäumner
Reproduktion: Repro Ludwig, Zell am See
Druck: Firmengruppe APPL, aprinta druck, Wemding
Bindung: Firmengruppe APPL, sellier druck, Freising
Syndication:
www.jalag-syndication.de

ISBN 978-3-8338-2392-3

1. Auflage 2012

Umwelthinweis

Dieses Buch ist auf PEFC-zertifiziertem Papier aus nachhaltiger Waldwirtschaft gedruckt.

GRÄFE UND UNZER

Ein Unternehmen der
GANSKE VERLAGSGRUPPE

Die Autorin

Cornelia Trischberger ist Foodredakteurin und Buchautorin. Ihre große kulinarische Liebe zu Italien führt sie nahezu in jedem Urlaub in dieses Land, immer auf der Suche nach neuen Rezepten und interessanten Lebensmitteln. Und die italienische Gemüseküche mit ihren authentischen, traditionellen und dennoch raffinierten Gerichten schätzt sie ganz besonders – die Idee für ein vegetarisches Kochbuch zum Thema lag also auf der Hand!

Der Fotograf

Jörg Rynio zählt zu seinen Auftraggebern internationale Zeitschriften, namhafte Buchverlage und Werbeagenturen. Mit einer großen Portion Kreativität und appetitanregendem Styling setzt der Hamburger Fotograf Food-Spezialitäten aus aller Welt stimmungsvoll in Szene. Tatkräftig unterstützt wird er dabei von seinen beiden Stylistinnen Petra Speckmann (Food) und Michaela Suchy (Requisite).

Bildnachweis

Titelfoto: EISING STUDIO · Food Photo & Video/Martina Görlach; alle anderen: Jörn Rynio, Hamburg

Titelbildrezept

Gnocchi-Variante ohne Paprika (S. 56)

Die Temperaturangaben bei Gasherden variieren von Hersteller zu Hersteller. Welche Stufe Ihres Herdes der jeweils angegebenen Temperatur entspricht, entnehmen Sie bitte der Gebrauchsanweisung. Bei Elektroherden können die Backzeiten je nach Herd variieren.

Appetit auf mehr?

Expresskochen Vegetarisch
ISBN 978-3-8338-1884-4

Vegan Kochen
ISBN 978-3-8338-2518-7

Tofu und Soja
ISBN 978-3-8338-1433-4

Vegetarisch
ISBN 978-3-8338-1834-9

Wintergemüse
ISBN 978-3-8338-2258-2

Sommergemüse
ISBN 978-3-8338-1835-6

www.gu.de: Blättern Sie in unseren Büchern, entdecken Sie wertvolle Hintergrundinformationen sowie unsere Neuerscheinungen.

Willkommen im Leben.

Schnelle Desserts

Ein gelungenes Menü braucht ein süßes »Ende«! Mit diesen unkomplizierten, raffinierten Rezepten werden Sie bei Ihren Gästen sicher punkten.

Orangen-Granita Für 4 Personen 400 ml Orangensaft und 100 ml Zitronensaft (beide Säfte frisch gepresst) durch ein feines Sieb in eine flache Schüssel gießen. 4 EL Campari oder Aperol und 4–5 EL Zitronensirup zugeben, alles gut vermischen und im Tiefkühlfach in 3–4 Std. fest werden lassen, dabei mehrmals mit einer Gabel durchmischen. Die Granita vor dem Servieren leicht antauen lassen und in Gläsern mit einem langen Löffel servieren.

Napoli-Obstsalat Für 4 Personen 4 EL Mandelblättchen ohne Fett hellbraun rösten, abkühlen lassen. 40 g Zartbitterschokolade (mindestens 60 % Kakaoanteil) grob hacken. 800 g Früchte der Saison waschen, in mundgerechte Stücke schneiden. Mit je 2 EL frisch gepresstem Zitronen- und Orangensaft und 1 EL Zucker mischen und mindestens 30 Min. ziehen lassen. Obstsalat mit gerösteten Mandelblättchen und Schokolade bestreut servieren.

Balsamico-Erdbeeren Für 4 Personen 600 g Erdbeeren putzen, waschen und in einem Sieb abtropfen lassen. Die Erdbeeren quer in feine Scheibchen schneiden und in einer Schüssel mit je 3 EL Puderzucker und Aceto balsamico vermischen. Die Erdbeeren abdecken und mindestens 1 Std. durchziehen lassen, dann in Dessertgläsern oder Schälchen anrichten und servieren.